MANUEL

DES

ŒUVRES ORLÉANAISES

ORLÉANS

G. SÉJOURNÉ, LIBRAIRE-ÉDITEUR

41, RUE DES CARMES, 41

1890

EN VENTE

A LA MÊME LIBRAIRIE

Histoire du Diocèse d'Orléans, depuis son origine jusqu'à nos jours, par M. l'abbé Duchateau, doyen de Chécy, membre de la Société archéologique et historique de l'Orléanais. 1 vol. gr. in-8 . . . . 7 fr. 50

Guide de la visite épiscopale, à l'usage du diocèse d'Orléans. In-18 cartonné . . . . 20 cent.

Nouveau Manuel et Cantiques pour les Retraites paroissiales dans le diocèse d'Orléans. Le cent. 10 fr.

Prières et Cérémonies pour la bénédiction d'une cloche, avec musique du chant des cloches, 7ᵉ édition. In-32 broché . . . . 15 cent.

SOUS PRESSE :

Nouvelle édition du Paroissien complet à l'usage du Diocèse d'Orléans.

IMP. GEORGES JACOB. — ORLÉANS.

MANUEL

DES

ŒUVRES ORLÉANAISES

IMP. GEORGES JACOB, — ORLÉANS.

MANUEL

DES

ŒUVRES ORLÉANAISES

⠶⠶⠶⠶⠶

ORLÉANS

G. SÉJOURNÉ, LIBRAIRE-ÉDITEUR

41, RUE DES CARMES, 41

—

1890

OEUVRES ORLÉANAISES

Assistance judiciaire.

L'admission à l'Assistance judiciaire devant les tribunaux civils, les tribunaux de commerce et les juges de paix, est prononcée par un bureau spécial, établi à Orléans, et composé de cinq Membres ; le Bureau d'Assistance devant une Cour d'Appel compte sept Membres. (Loi du 22 janvier 1851.)

Toute personne qui réclame l'Assistance judiciaire adresse sa demande sur papier libre au Procureur de la République. Elle doit fournir : 1º un extrait du rôle de ses contributions, ou un certificat du percepteur constatant qu'elle n'est pas imposée ; 2º une déclaration attestant qu'elle est, en raison de son indigence, dans l'impossibilité d'exercer ses droits en justice, et contenant l'énumération de ses moyens d'existence, quels qu'ils soient.

La personne à qui l'Assistance judiciaire est accordée n'a aucun frais à supporter pour l'exercice de ses droits en justice. On désigne un huissier, un avoué, un avocat, qui prêtent gratuitement leur ministère. Elle est dispensée des droits de timbre, d'enregistrement et de greffe, mais elle doit les acquitter s'il lui survient, par la suite, des ressources suffisantes.

1º Bureau de l'Assistance Judiciaire devant le Tribunal de première instance.

Président : M. CHEVALLIER, avocat, 13, rue Jeanne-d'Arc.
Membres : MM. PEYROT, 7, rue du Grenier-à-Sel ;
NOUVELLON, notaire honoraire, 5, cloître Sainte-Croix ;
HUE, avoué, 28, rue Sainte-Anne ;
GOUAIS-LANOS, receveur de l'enregistrement, au Palais de Justice ;
POISSON, greffier du Tribunal, secrétaire.

2º Bureau de l'Assistance Judiciaire devant la Cour d'Appel.

Président : M. CREUZET, notaire honoraire, 21, rue Jeanne-d'Arc.
Membres : MM. FOUGEU, 35, boulevard Alexandre-Martin ;
GIVORD, 1, rue de Patay ;
COURET, 6, rue du Dévidet ;
LEFÈVRE, 4, rue Antoine-Petit ;
COUILLAUT, 6, rue Dauphine ;
DUFRESNE, avoué, 14 rue de Gourville ;
GUILLAUME, greffier en chef, secrétaire.

Assistance publique.

Cette Administration comprend la direction des Hospices et Hôpitaux civils, le service des secours à domicile du Bureau de Bienfaisance et le service des Enfants-Assistés.

Association du Chemin de croix perpétuel.

L'Association du Chemin-de-Croix perpétuel est une réunion de fidèles se succédant tour à tour, afin de ne laisser écouler aucun jour de l'année sans faire le pieux exercice du Chemin de la Croix.

Rendre plus fréquente la pratique du Chemin de la Croix, nous rappeler plus souvent la passion douloureuse de Notre-Seigneur Jésus-Christ et nous en appliquer à nous-mêmes et aux autres les mérites dans une large mesure, tel est le but général de cette Association.

De nombreuses indulgences sont attachées à cette Œuvre.

Les Associés s'engagent à faire le Chemin de la Croix une fois chaque mois ou chaque semaine à un jour choisi par eux-mêmes. Si on est empêché par une cause légitime de se rendre à l'église, on satisfait à l'obligation en se servant d'un Crucifix indulgencié pour le Chemin de la Croix : dans ce cas, on doit réciter vingt *Pater, Ave, Gloria*, en tenant le Crucifix à la main. Si on est malade au point de ne pouvoir réciter ces prières, il suffit, pour gagner l'indulgence, de faire un acte de contrition, ou de dire : « *Te ergo, quæsumus, tuis famulis subveni, quos pretioso sanguine redemisti.* »

Directeur : M. l'abbé HAUTIN, vicaire général.
Zélateur : M. PESTY, 2, place Saint-Paul.
Zélatrice : Mme DURU, 25, rue Neuve.

Association des Dames patronnesses des Écoles libres.

Cette Association s'occupe de l'inspection et de la surveillance des salles d'asile libres ; elle donne aussi des encouragements aux écoles primaires de filles dirigées par les Sœurs.

1.

Elle a un bureau central et des Dames de paroisse.

Le bureau central recueille les ressources, les renseignements sur les besoins des enfants, achète les étoffes, prépare les vêtements, se met en communication avec les Dames patronnesses des paroisses, qui sont à leur tour chargées de visiter les écoles, de distribuer les vêtements, de présider aux fêtes.

Présidente : Mme BAGUENAULT DE PUCHESSE, 136, rue Bannier.

Association des Enfants de Marie.

80, Faubourg Bannier. (Sacré-Cœur.)

L'Association des Enfants de Marie, affiliée à la *Prima Primaria* du Collège romain, se propose de constituer une ligue des Dames chrétiennes d'Orléans contre l'envahissement de l'esprit du monde.

Un conseil, composé d'un certain nombre de Dames, est chargé de recevoir et d'examiner les demandes d'admission et de diriger l'Association.

Directeur ecclésiastique : MONSEIGNEUR L'ÉVÊQUE.

Présidente : Mme la comtesse DE TROUSSURES, 14, rue des Bouteilles.

Association des Mères chrétiennes (Dames).

Le but de cette Association, fondée par le Père Ratisbonne, est d'unir ensemble dans un même sentiment, dans une même sollicitude et une même pensée, les Mères chrétiennes qui mettent en commun leurs prières.

pour attirer d'en haut les bénédictions divines sur leurs enfants et leurs familles, sur la Société et sur l'Église.

Les Mères chrétiennes se réunissent une fois par mois à Saint-Pierre du Martroi.

Les associées paient une cotisation annuelle de 2 fr.

L'Œuvre se charge de la pension d'un jeune clerc à la maison de Notre-Dame de Cléry.

Directeur ecclésiastique : M. l'abbé DE LA TAILLE, 12, rue Sainte-Anne.

Présidente : Mᵐᵉ la Vicomtesse DE MOROGUES, 28, rue de la Bretonnerie.

Association des Mères chrétiennes (Ouvrières).

Cette Association se propose de grouper ensemble les Mères de famille ouvrières pour les exciter à des sentiments de piété qu'elles devront inspirer à leur mari et à leurs enfants, et asseoir ainsi la religion à leur foyer.

Un certain nombre de Dames zélatrices forment un conseil qui dirige l'Association.

Une réunion a lieu tous les mois dans la chapelle de la rue Sainte-Anne.

Directeur ecclésiastique : M. l'abbé DE LA TAILLE.

Présidente : Mᵐᵉ COURET, 6, rue du Devidet.

Association de Notre-Dame-de-Salut.

L'Association de Notre-Dame-de-Salut, fondée immédiatement après les désastres de 1870-1871, a été enrichie de précieuses indulgences par un bref en date du 17 mai 1872. Elle existe actuellement dans quatre-vingts diocèses de France.

Elle a pour but de travailler au salut de la France par la prière et la moralisation des ouvriers.

1° La prière. — Elle demande à ses membres de réciter chaque jour, aux intentions de l'Œuvre, un *Pater,* avec l'invocation : Notre-Dame-de-Salut, priez pour nous ! Elle s'efforce d'obtenir partout des Messes et des Communions pour le salut de la France.

Elle sollicite les prières des enfants et s'adresse pour cela aux communautés, aux pensionnats, aux écoles, aux asiles même.

Elle a suscité le mouvement des pèlerinages et le soutient encore, surtout par le pèlerinage annuel de Lourdes.

Elle provoque, avec l'autorisation de NN. SS. les Évêques, des prières et des neuvaines générales dans les circonstances exceptionnelles.

Elle s'applique enfin à opposer la prière sociale aux habitudes de respect humain, d'isolement et d'égoïsme dans la piété.

2° La moralisation des ouvriers. — Elle secourt, dans la mesure de ses ressources, toutes les Œuvres ouvrières d'hommes, comme Patronages, Cercles d'ouvriers, Réunions de patrons, Œuvres rurales, etc.

Elle pousse à la fondation de ces Œuvres par la promesse de secours aux hommes de zèle que l'isolement effraie et qui n'oseraient rien commencer sans cet encouragement.

Elle vient en aide aux Associations diocésaines pour former une sorte de fédération entre les hommes d'Œuvres.

Cette Œuvre a son siège à Paris, 8, rue François-Premier, et est dirigée par un Conseil général.

A Orléans, un Directeur diocésain, nommé par Monseigneur, correspond avec le Conseil général.

Ressources. — Trois sortes de cotisations sont adoptées : 1 sou par mois ou 10 sous par an ; — 2 sous par mois ou 1 fr. par an ; — 2 sous par semaine ou 5 fr. par an. Les pauvres et les enfants peuvent faire partie de l'Œuvre moyennant le versement d'un sou par an.

Directeur diocésain : M. l'abbé DE POTERAT, 29, rue du Colombier.

Présidente : Mme la vicomtesse DE CHAULNES, 11, rue des Gourdes.

Trésorière : Miss HARRIETT O'HANLON, 32, rue Jeanne-d'Arc.

Association catholique des Ouvrières de Fabrique.

Cette Association a pour but de grouper les ouvrières de fabrique pour leur conserver la foi ou les ramener graduellement, ainsi que leur famille, à la pratique des vertus chrétiennes et appeler sur elles les bénédictions de Dieu par la protection de Notre-Dame de l'Usine, patronne de l'Association.

L'Œuvre comprend trois groupes :

Le Conseil, ou Comité ;

Les déléguées, au nombre de six actuellement ;

Les associées, au nombre de soixante-cinq environ.

Le Comité se réunit une fois par mois, 14, rue Sainte-Anne.

Aumônier du Comité : M. l'abbé DE LA TAILLE.

Délégué de l'Œuvre des Cercles catholiques : M. DE SAINT-BASILE, 24, rue de Loigny.

Présidente : Mme LOUIS DAUDIER, 17, boulevard Saint-Jean.

Secrétaire : Mme ALFRED RIME, 2, faubourg Madeleine.

Trésorière : Mme DELAGRANGE, 33, faubourg Madeleine.

L'Association se réunit tous les quinze jours ; une réunion des déléguées suit les réunions de l'Association.

.Les associées touchent des jetons de présence, qui sont destinés à acheter des objets utiles à des ventes semestrielles.

A chaque réunion de l'Association, il y a une conférence, suivie d'une dizaine de chapelet et de chant de cantiques.

Les ressources de l'Œuvre consistent en cotisations versées par les dames patronnesses (12 fr.) et par les Dames membres honoraires (8 fr.).

Aumônier de l'Association : M. le curé de Saint-Laurent.

Directrice : Mme la Supérieure des Sœurs, 12, place Saint-Laurent.

Bureau de Bienfaisance.

8, Rue de l'Évêché.

Le Bureau de Bienfaisance est le lieu où se fait la distribution de secours aux indigents.

La Caisse du Bureau est alimentée soit par des revenus de biens qui lui appartiennent, soit par les droits établis sur les spectacles, bals, concerts, soit enfin par des dons et legs particuliers.

Les indigents qui désirent recevoir des secours du Bureau de Bienfaisance doivent en faire la demande, 8, rue de l'Évêché.

De une heure à deux heures, ils sont admis à faire valoir leurs droits à être secourus :

Le lundi, pour Saint-Paul et Saint-Laurent;

Le mardi, pour Saint-Paterne et les Aydes;

Le mercredi, pour Saint-Donatien et Notre-Dame-de-Recouvrance;

Le vendredi, pour Saint-Marc et Saint-Vincent;

Le samedi, pour Saint-Aignan et Saint-Pierre-le-Puellier.

A Saint-Marceau, les demandes sont reçues, 92, rue Saint-Marceau, par une dame déléguée à cet effet.

Le Bureau de Bienfaisance, en dehors des secours ordinaires distribués aux indigents, accorde aux pauvres honteux une rente annuelle de 130 ou 160 fr. Pour y avoir part, il faut avoir été établi à Orléans en qualité de patron.

S'adresser à l'un de MM. les Administrateurs du Bureau de Bienfaisance.

Bureau diocésain.

Le Bureau diocésain est formé de MM. les Présidents des Bonnes-Œuvres de la ville et se réunit à l'Évêché, sous la présidence de Monseigneur, ordinairement les premiers vendredis du mois, à trois heures.

Les Présidents d'Œuvre rendent compte, devant Monseigneur, du fonctionnement, des progrès de l'Œuvre qu'ils dirigent, et exposent les besoins qu'elle peut avoir.

Cercle catholique d'ouvriers.

14, Rue Sainte-Anne.

Le Cercle catholique d'ouvriers est un centre de réunion fondé par le Comité de l'Œuvre des Cercles dans le but de grouper ensemble les ouvriers, de leur procurer des délassements honnêtes, des moyens d'instruction, de salutaires conseils, de bons exemples et de leur faciliter la pratique de leurs devoirs religieux sans être arrêtés par le respect humain.

Les membres ouvriers du Cercle participent à son gouvernement intérieur, sous le contrôle du Directeur nommé par le Comité; l'exercice de cette participation est confié à un Conseil intérieur élu par les sociétaires ouvriers sur une liste présentée par le Directeur et approuvée par le Comité. Il se compose d'un Président, d'un Trésorier, d'un Secrétaire et d'un certain nombre de Conseillers.

Directeur-Aumônier : M. l'abbé BOULLET.

Le nombre d'ouvriers reçus en ce moment au Cercle (avril 1890) est de 130 environ.

Le Cercle est ouvert tous les soirs jusqu'à dix heures, et le dimanche et jours de fête toute la journée, le temps de la Grand'Messe excepté.

La réunion du premier dimanche du mois est seule obligatoire.

L'assiduité au Cercle est récompensée par des jetons servant à acheter des objets d'utilité ou d'agrément à des ventes qui ont lieu au Cercle à certaines époques de l'année.

Les Associés versent par mois la somme de 50 centimes.

Le dimanche, une Messe, à sept heures du matin, et un Salut du Saint-Sacrement, à cinq heures du soir, réunissent les membres du Cercle à la chapelle de la rue Sainte-Anne.

Comité bibliographique d'Orléans.

Il s'est formé à Paris, 35, rue de Grenelle Saint-Germain, une Association de librairie et de propagande qui prend le nom de Société bibliographique.

Sa mission est, tout à la fois, intellectuelle et sociale : réfutation des erreurs historiques et scientifiques, création de bibliothèques populaires, propagande de bons journaux, de publications religieuses et morales, etc.

En vue de cette action, elle organise des Comités dans chaque département. Le Comité bibliographique orléanais est spécialement destiné à favoriser cette Œuvre dans l'arrondissement d'Orléans d'abord, puis dans le département du Loiret.

La propagande peut se faire soit par la vente, soit par des distributions gratuites.

Les distributions gratuites sont utiles lorsqu'il s'agit d'éclairer l'opinion sur une question d'actualité, comme la loi nouvelle sur l'instruction laïque et obligatoire.

La vente doit être le moyen le plus ordinaire et il est souvent le plus efficace. Elle nécessite la création de colporteurs et de dépôts dans chaque localité.

Pour remplir son programme, le Comité bibliographique du Loiret a besoin : 1º de ressources ; 2º d'agents de propagande pour organiser l'Œuvre sur tous les points du département ; 3º de dépositaires et de colporteurs dans chaque commune. D'après la loi du 29 juillet 1881, le colportage temporaire, — ou distribution gratuite, — par des personnes qui n'en font pas leur profession est affranchi de toute formalité. — Le colportage professionnel, pour la vente des journaux, images et publications de toutes sortes, n'est soumis qu'à une simple déclaration à la Préfecture ou à la Mairie. Il peut être exercé par tout individu majeur ou mineur, femme ou enfant.

Le Comité orléanais demande aux personnes qui veulent bien adhérer à son Œuvre une souscription annuelle de 2 fr.; la cotisation annuelle à la Société bibliographique de Paris est de 10 fr.

Président : Vicomte Max. DE BEAUCORPS, 3, rue Saint-Pierre-Lentin.

Comité catholique.

14, Rue Sainte-Anne.

Le Comité catholique est une Œuvre qui fait appel à tous les catholiques du département du Loiret pour soutenir et défendre les intérêts religieux. Depuis un certain nombre d'années, le Comité d'Orléans s'est subdivisé en Sous-Comités correspondant aux chefs-lieux d'arrondissement, qui, chacun, agissent dans leur rayon.

Le Comité catholique a coopéré à la création d'un certain nombre d'Œuvres qui ont leur autonomie propre et qui, chaque année, reçoivent de lui une subvention proportionnée aux ressources.

Son programme, très étendu, embrasse toutes les questions religieuses et sociales ; il aide à la propagation des Œuvres de prières, du repos du dimanche, de l'enseignement chrétien ; il favorise et soutient les Œuvres tendant à la préservation et à la moralisation de la jeunesse ; il favorise la diffusion des publications chrétiennes ; il travaille au rétablissement de l'harmonie sociale, et enfin il concourt, par tous les moyens légaux, à la défense des intérêts religieux.

La Caisse du Comité est alimentée par les cotisations annuelles de ses membres.

Président : Vicomte DE MOROGUES, 28, rue de la Bretonnerie.

Trésorier : M. Ch. GERMON, 16, rue de Recouvrance.

Secrétaire : M. ALARDET, 64, rue d'Illiers.

Confrérie de Notre-Dame-du-Perpétuel-Secours.

Le but de la Confrérie de Notre-Dame du Perpétuel Secours est :

1° De servir et d'honorer, par un culte spécial et quotidien, avec l'aide du patronage de saint Alphonse de Liguori, la très sainte Vierge Marie, invoquée sous le titre de Mère du Perpétuel Secours ;

2° De s'assurer la perpétuité du maternel secours de Marie, source d'une suite de grâces embrassant toute la vie et aboutissant au don suprême de la persévérance finale.

Pour devenir Membre de la Confrérie, il suffit :

1° De se faire inscrire sur les registres de l'Œuvre dans les églises où elle est canoniquement établie;

2° De réciter devant l'image miraculeuse, si on le peut, l'acte de consécration à Notre-Dame du Perpétuel Secours et à saint Alphonse de Liguori.

A Orléans, la Confrérie est canoniquement établie à la chapelle de la rue Sainte-Anne, 14.

Confrérie du Rosaire.

Le Rosaire a pour but la dévotion inspirée par la Sainte-Vierge elle-même à saint Dominique au commencement du XIII° siècle.

Cette dévotion affecte trois formes :

1° *Confrérie du Rosaire.* — La Confrérie du Rosaire est une pieuse Association qui se propose de prier et d'honorer la Sainte-Vierge par la récitation du Rosaire entier, au moins une fois par semaine, par la méditation des mystères dont il se compose et par la participation aux pratiques générales de la Confrérie, telles que la récitation du Rosaire en commun ou à l'église, la visitation de l'autel du Rosaire, l'assistance aux processions et réunions, la fréquentation des Sacrements à certains jours.

Directeur : M. le curé de la cathédrale.

Présidente : Mme DE PUYVALLÉE, 0, cloître de la Cathédrale.

Secrétaire : Mlle DE SAINT-AIGNAN, 5, rue des Grands-Ciseaux.

II° *Rosaire vivant.* — Cette Association, dont les obligations sont moins onéreuses que celles de la Confrérie, a son siège et tient ses réunions 7, rue d'Escures.

III° *Rosaire perpétuel.* — Le Rosaire perpétuel est une Association par laquelle le Saint-Rosaire se récite nuit et jour sans interruption pour rendre à Marie un perpétuel hommage et obtenir d'elle un perpétuel secours.

Les Associés doivent choisir une heure par mois le jour ou la nuit, et employer cette heure, en quelque lieu qu'on se trouve, à réciter le Rosaire entier, suivi des Litanies de la Sainte-Vierge.

De nombreuses indulgences sont attachées aux Associations du Saint-Rosaire.

Confrérie de Saint-Blaise.

14, Rue Sainte-Anne.

Cette Confrérie, fondée par l'Œuvre des Cercles catholiques d'ouvriers, a pour but d'unir les patrons et les ouvriers de l'industrie des couvertures par le lien d'une fraternité religieuse.

Pour être confrère de Saint-Blaise, il faut être catholique, de bonnes vie et mœurs, accepter le règlement, c'est-à-dire s'engager à invoquer chaque jour saint Blaise et à assister aux cérémonies et réunions fixées par le Conseil, enfin être admis par le Conseil de la Confrérie par voie d'élection (les membres sont invités à réciter chaque jour un *Ave Maria*).

Ressources. — Chaque confrère nouvellement élu doit verser un *droit d'entrée* de 2 fr., une fois payé. La Caisse est encore alimentée par les versements volontaires des patrons et ouvriers, par les quêtes et par les escomptes de l'Économat des familles.

Siège social. — Les assemblées mensuelles du Conseil et l'assemblée générale annuelle ont lieu 14, rue Sainte-Anne.

La bannière et le reliquaire, contenant les reliques de saint Blaise, obtenues de Rome par Msr Coullié, sont déposés dans l'église Saint-Laurent.

C'est dans cette église que sont célébrés :

1° La Messe annuelle de la corporation des couverturiers, dite le premier lundi de février ;

2° Le Salut de la Confrérie, le dimanche qui suit.

Membres. — La Confrérie comprend des membres d'honneur et des membres actifs. Monseigneur est Président d'honneur de la Confrérie, et M. le curé de Saint-Laurent, Vice-Président.

Les membres actifs se distinguent en membres de la classe patronale, membres de la classe ouvrière et membres protecteurs. Ces derniers sont, autant que possible, recrutés dans les anciennes familles patronales de la corporation.

Avantages. — Les confrères de Saint-Blaise doivent :

Se prêter aide mutuelle et protection; se visiter en cas de maladie; s'efforcer de placer les confrères sans ouvrage ; assister en délégation au cortège funèbre d'un confrère décédé; la bannière de la Confrérie est portée au convoi religieux d'un confrère défunt.

En 1889, la Confrérie a pu donner, aux confrères malades, une somme de 25 centimes par jour, à compter du troisième jour de chômage, jusqu'à la fin du troisième mois de maladie.

Diplômes et insignes. — Chaque confrère reçoit un diplôme et un insigne composé d'une rosette de couleur rouge grenat portant les initiales S. B., frappées en or sur ruban de soie frangé d'or.

Conseil. — Le Conseil se compose d'un Président, de deux Vice-Présidents, d'un Directeur ecclésiastique nommé par Monseigneur, d'un patron, d'un contre-maître et de deux ouvriers par usine.

Président : M. L. DAUDIER, 17, boulevard Saint-Jean; Vice-Présidents, M. DUMUYS, 61, rue de la Lionne, et M. LEMOINE, 18, rue Chanzy; Directeur ecclésiastique, M. l'abbé BOULLET, 14, rue Sainte-Anne.

Confrérie de Saint-Crespin.

14, Rue Sainte-Anne.

Le but de la Confrérie de Saint-Crespin est d'unir par un lien religieux tous les membres de la cordonnerie d'Orléans et de leur procurer les bienfaits qui résultent du bon accord entre patrons et ouvriers. Les confrères de Saint-Crespin ont droit aux avantages de l'Économat des familles.

La seule obligation est de réciter chaque jour une fois l'*Ave Maria*, et une fois : « Saint Crespin, priez pour nous. »

Un service régulier, établi entre les membres de la Confrérie, pourvoit à la visite des malades, à l'assistance aux funérailles, au placement des ouvriers sans travail. Ce service fonctionne au moyen de chefs de quartiers.

Monseigneur l'Évêque est Président d'honneur de la Confrérie.

Le Conseil se compose en nombre égal d'ouvriers, de patrons et de membres honoraires. Il se renouvelle par tiers tous les ans, et se réunit le second lundi de chaque mois.

Les ressources consistent dans un droit d'entrée payé

par les confrères à raison de 10 fr. pour les membres honoraires, 1 fr. pour les patrons, 50 centimes pour les ouvriers.

La fête patronale se célèbre le dimanche qui suit la Saint-Crespin.

Président : M. DE BAGNEAUX, 62, rue des Carmes.

Aumônier : M. l'abbé BOULLET.

Confrérie de la Sainte-Face.

Le but de cette Confrérie est de rendre des hommages d'adoration et d'amour compatissant à l'aimable et douloureuse face de Notre-Seigneur Jésus-Christ, de s'exciter ainsi à des actes de foi, de piété, de zèle, de pénitence, pour empêcher ou expier les outrages infligés à Dieu, à Jésus-Christ et à l'Église.

Le siège de la Confrérie pour Orléans est l'église de Saint-Paterne ; elle dépend de l'Archiconfrérie érigée canoniquement à Tours.

Les confrères de la Sainte-Face s'engagent :

1o A réciter chaque jour *Pater*, *Ave*, *Credo*, et cette invocation : « Seigneur, montrez votre face et nous serons sauvés ! »

2o A porter une petite effigie de la Sainte-Face ;

3o A propager cette dévotion et à se faire inscrire sur les registres.

Les ressources consistent en dons volontaires pour l'entretien des lampes et dans le but de pouvoir ériger un jour dans l'église de Saint-Paterne un autel de la Sainte-Face.

Directeur : M. le curé de Saint-Paterne.

Confrérie du Saint-Sacrement.

Cette Confrérie a pour but d'honorer Notre-Seigneur Jésus-Christ dans l'adorable Sacrement de l'Eucharistie.

Tous les hommes et jeunes gens accomplissant leur devoir pascal peuvent en faire partie. Toutes les paroisses de la ville comprennent une Confrérie du Très-Saint-Sacrement. Dans toutes, chaque confrère est tenu aux mêmes engagements, c'est-à-dire à venir adorer le Saint-Sacrement pendant un certain temps les jours où il est exposé et à suivre les processions qui ont lieu, selon les paroisses, à certains dimanches du mois, ainsi que les jours d'Adoration perpétuelle, à la Fête-Dieu et pendant les Quarante-Heures.

Ce sont les Confréries du Saint-Sacrement qui font, dans leur paroisse, l'Adoration nocturne pendant l'une des nuits de l'Adoration perpétuelle et dans celle du jeudi au vendredi saint.

En outre, les membres de la Confrérie de Notre-Dame-de-Recouvrance accompagnent le Saint-Sacrement dans les rues, lorsqu'on porte la Communion aux malades de la paroisse le mardi de la semaine sainte.

Les jours d'exposition du Saint-Sacrement, dans les paroisses, deux confrères se succèdent de demi-heure en demi-heure aux pieds de Notre-Seigneur Jésus-Christ exposé.

Congrégation de la Bienheureuse Vierge Marie.

Cette Congrégation se divise en deux branches : celle des Saints-Anges et celle de la Sainte-Vierge.

Elle a été uniquement établie pour les enfants de l'école des Frères.

La Congrégation des Saints-Anges se compose des enfants de 7 à 10 ans; celle de la Sainte-Vierge, de ceux de 10 ans et au-dessus.

Les enfants sont admis d'abord en qualité de *postulants*, puis, au bout d'un certain temps, reçus comme *congréganistes*.

Directeur ecclésiastique : M. l'abbé DE POTERAT.

Président : Le Frère GORDIEN, 218, rue Bourgogne.

Corporation de Saint-Euverte,
ou Syndicat professionnel des Patrons et Ouvriers du bâtiment.

14, Rue Sainte-Anne.

Le Syndicat professionnel des patrons et ouvriers du bâtiment a été fondé par l'Œuvre des Cercles catholiques d'ouvriers en 1887, conformément aux dispositions de la loi du 21 mars 1884. C'est une association ayant pour but de procurer à ses membres, sous le patronage de l'Église : 1° tous les bienfaits qui résultent de l'union entre patrons et ouvriers ; 2° la garantie de la capacité professionnelle ; 3° des institutions économiques ayant pour but de fournir à tous au meilleur marché possible les objets nécessaires à la vie ; 4° l'établissement, à l'aide du patrimoine corporatif, d'institutions de prévoyance de nature à protéger les membres de l'association, ainsi que leurs familles, contre les suites de la maladie, des accidents, du chômage involontaire ; 5° les conseils et les renseignements qui peuvent leur être utiles dans nombre de circonstances de leur vie.

La Corporation a pour patron saint Euverte, évêque d'Orléans.

La Corporation sé compose de membres honoraires ou

2

conseillers, de patrons et d'ouvriers. Elle est dirigée par un conseil syndical composé de 18 membres élus en nombre égal par le groupe des conseillers, des patrons et des ouvriers.

Les réunions du conseil syndical ont lieu le dernier vendredi de chaque mois, à huit heures et demie du soir.

La Corporation se réunit en assemblée générale réglementaire deux fois par an, au mois de janvier et au mois de mai.

Les ressources consistent dans les cotisations annuelles des membres, savoir : 10 fr. pour les conseillers, 6 fr. pour les patrons, 2 fr. pour les ouvriers, et dans les bénéfices produits par l'Économat des familles.

Président : Comte DU ROSCOAT, 12, rue Parisis.

Vice-Président : M. DE GEFFRIER, 22, rue Notre-Dame de Recouvrance.

Secrétaire : M. TAILLOT, architecte, 34, rue Sainte-Anne.

Vice-Secrétaire : M. MELLOT, couvreur, 26, rue de Gourville.

Trésorier : M. CHÉRAMY, plâtrier, 25, rue des Charretiers.

Vice-Trésorier : M. BONNEFOY, maçon, 8, rue Saint-Côme.

Dépôt de Mendicité.

Un dépôt est établi à Beaugency (Loiret), pour recevoir les vieillards dépourvus de moyens d'existence que l'Administration de l'Assistance publique ne peut admettre dans les hôpitaux ou hospices. Le dépôt de Beaugency reçoit les mendiants du département du Loiret et de quelques autres, tels que l'Eure-et-Loir, la Vienne, l'Eure, le Calvados.

Des Sœurs de l'Ordre de la Présentation de Tours, au nombre de 6, sont chargées du service de la maison.

Économat des Familles.
14, Rue Sainte-Anne.

L'Économat des familles est une institution créée dans l'intérêt des fournisseurs et des consommateurs.

Aux fournisseurs, il apporte l'avantage du paiement comptant.

Aux consommateurs, il procure un bénéfice assuré par l'escompte qu'accordent les fournisseurs contre le paiement comptant.

Tout commerçant peut devenir fournisseur de l'Économat, pourvu qu'il soit admis par le Conseil d'administration. Il reçoit alors des jetons dont la couleur varie selon le taux de l'escompte consenti.

Toute personne appartenant à un titre quelconque à l'une des Associations ayant adhéré à l'Économat reçoit une carte nominative lui donnant droit de bénéficier, ainsi que sa femme et ses enfants, des avantages de l'Économat.

La moitié des escomptes accordés par les fournisseurs revient au consommateur ; l'autre moitié est attribuée à la caisse de l'Association dont fait partie le consommateur, après prélèvement des sommes nécessaires pour les frais de l'Économat.

Le contrôle des achats se fait au moyen de jetons que le fournisseur délivre au consommateur. Ces jetons, dont la couleur varie suivant le taux de l'escompte consenti (verts, représentant 10 p. 100 ; bleus, 20 p. 100 ; roses, 0 p. 100 ; jaunes, 5 p. 100 ; etc.), varient également de forme selon la valeur qu'ils représentent ; il y en a de 100 fr., 25 fr., 10 fr., 5 fr., 2 fr., 1 fr., 50 cent., 25 cent. et 5 cent. — Le consommateur remet, à époques déterminées, les jetons qu'il a reçus au membre de son Association chargé du service de l'Économat. Il touche, contre cette remise, le montant des escomptes auxquels il a droit.

Mouvement des jetons entre le fournisseur et le consommateur.

Le fournisseur a reçu du Trésorier de l'Économat des jetons d'une valeur de 5 cent., 50 cent., 1 fr., 5 fr., 20 fr. et 100 fr., pour une somme quelconque, soit 500 fr. Moi, client, je vais lui acheter, par exemple, pour 23 fr. 75 cent. de marchandises ; je paie de suite mon achat, et, en échange de mon argent, le fournisseur me remet un jeton de 20 fr., 3 de 1 fr., 1 de 50 cent., et 5 de 5 cent., total : 23 fr. 75 cent. — J'emporte ces jetons ; c'est mon reçu, que je remettrai au délégué de l'Association à laquelle j'appartiens, pour toucher l'escompte auquel j'ai droit, à un des jours fixés pour cela dans les mois de mars, de juin, de septembre et de décembre.

Si j'ai, par exemple, pour 60 fr. de jetons verts, c'est-à-dire à 10 p. 100, cela fait 6 fr. d'escompte. De ces 6 fr., le Trésorier fait deux parts égales ; l'une, soit 3 fr., m'est remise pour en faire ce que bon me semble ; l'autre moitié est versée dans la caisse de mon Association.

Semblable opération est faite par le Trésorier pour les jetons de 3 p. 100, 4 p. 100, 5 p. 100, 20 p. 100, etc., que je reçois des fournisseurs qui ont consenti des escomptes de cette valeur.

Pour recevoir des jetons contre leurs paiements comptant, les membres des Associations ci-dessous désignées et toute personne de leur famille ayant droit de s'en servir (femme et enfants vivant au même ménage) sont priés de présenter aux fournisseurs leur carte bleue attestant qu'ils font partie de l'Économat.

Associations ayant adhéré à l'Économat.

Cercle ouvrier ;
Société de Saint-Joseph ;
Corporation du bâtiment ;

Confrérie de Saint-Blaise ;
Confrérie de Saint-Crespin.

La liste des fournisseurs de l'Économat est déposée rue Sainte-Anne, 14.

En 1883, le chiffre des affaires faites par l'Économat s'est élevé à 10,778 fr.; le total de l'escompte à 910 fr., dont moitié pour les déposants et moitié pour les Associations.

Garde d'honneur du Sacré-Cœur de Jésus.

Cette dévotion a pour but de répondre à cette douloureuse plainte du Sauveur :

« Mon cœur n'attend plus que des outrages et des dou-
« leurs ; j'ai désiré, en vain, quelqu'un qui compatît à mes
« maux, j'ai cherché des consolateurs et je n'en ai point
« trouvé. »

La Garde d'honneur se propose donc de rendre au Divin Cœur un culte perpétuel de gloire, d'amour et de réparation.

Cette Œuvre a pris naissance en 1863 au Couvent de la Visitation de Bourg.

Les Associés doivent se faire inscrire sur un cadran horaire que l'on expose près de l'autel de la Confrérie.

L'exercice fondamental de l'Œuvre est l'*heure de Garde* ; elle consiste en une heure de la journée, que chaque Associé choisit lui-même et pendant laquelle, sans rien changer à ses occupations ordinaires, il se rend en esprit aux pieds du Tabernacle ; là, il offre à Notre-Seigneur ses pensées, ses paroles, ses actions et ses peines, avec le désir qu'il éprouve de consoler son cœur adorable par un amour généreux et fidèle.

Directeur de l'Œuvre : M. l'abbé CHAPON.

Siège de l'Œuvre : le couvent de la Visitation, 75, faubourg Bannier.

Hospices d'Orléans.

Les Hospices comprennent l'Hôtel-Dieu, l'Hôpital général, le Quartier des Aliénés, la fondation Dubreuil et le service des Enfants assistés.

I. HÔTEL-DIEU.

L'Hôtel-Dieu reçoit plusieurs catégories de malades:

1º Les malades indigents, dénués de toutes ressources, sont reçus après visite médicale constatant leur état, sur la production d'un certificat du Maire de leur commune attestant leur indigence et s'engageant, au nom de la commune, à payer la somme de 40 centimes par jour.

2º Les malades pensionnaires sont divisés en trois catégories.

A) Dans la salle commune, ils ont à payer la somme de 1 fr. 20 par jour, après consignation, en entrant, de 36 fr. pour 30 jours de traitement.

B) Dans une chambre à deux lits, le malade paie 3 fr. par jour en hiver, 2 fr. en été, après consignation, pour 30 jours, de 90 fr. en hiver et 60 fr. en été.

Il a droit à une diminution de 50 centimes par jour lorsque les deux lits sont occupés.

C). Dans une chambre à un lit, le malade paie 4 fr. en hiver, 3 fr. en été, après consignation, pour 30 jours, de 120 fr. en hiver, et 90 fr. en été.

Si le malade a besoin des soins d'un domestique, c'est 1 fr. 50 de plus par jour.

L'Hôtel-Dieu comprend aussi l'hospice de la Maternité, qui reçoit les femmes en couches.

Sont seules admises les femmes de la ville ou du département.

Une femme indigente est admise pour faire ses couches sur certificat du maire de sa commune, constatant: 1º qu'elle est indigente; 2º qu'elle est enceinte; 3º qu'elle est entrée dans le dernier mois de sa grossesse; 4º que la commune s'engage à payer pour elle 40 centimes par jour.

Il est bon, en outre, qu'elle fournisse son acte de naissance.

La durée du séjour à l'Hospice est d'un mois. Les femmes sont congédiées dix jours après leurs couches.

Les femmes non indigentes sont admises, pour le temps de leurs couches, moyennant la somme de 1 fr. 20 par jour. Comme les premières, elles ne peuvent rester qu'un mois.

II. HÔPITAL GÉNÉRAL.

L'Hôpital-Général reçoit les vieillards, hommes et femmes qui sont sans infirmités, mais qui, par le seul fait de leur âge, sont dans l'impossibilité de gagner leur vie. Les vieillards, pour être admis, doivent avoir 70 ans révolus et être domiciliés dans la commune d'Orléans.

L'Hôpital reçoit aussi des gens infirmes qu'on peut considérer comme incurables. Ils doivent être âgés d'au moins 40 ans.

Par exception, on reçoit des indigents du département, domiciliés dans une commune autre que celle d'Orléans. Dans ce cas, il faut s'adresser à la Préfecture, qui fait admettre le malade comme pensionnaire à la charge de la commune à laquelle il appartient. La pension est de 365 fr. par an, payés partie par la commune, partie, s'il y a lieu, par la famille suivant ses ressources. C'est la préfecture qui détermine la portion à payer par chacun.

On peut encore faire admettre des pensionnaires, toujours par l'intermédiaire de la Préfecture, à la condition que la famille se chargera entièrement de la pension, qui alors est de 400 fr. par an, payables par trimestre et d'avance.

En outre, quelques fondations sont faites par certaines familles. Lorsqu'un lit d'une de ces fondations devient vacant, la famille du fondateur est prévenue et a le droit de présenter un pauvre appartenant à n'importe quelle commune du département.

Fondations de lits à l'Hôpital.

Noms des fondateurs par ordre d'ancienneté : le baron Sezeur, M. Crignon, la commune de Neuville-aux-Bois, M. Colas des Francs, M. Colas de Brouville, M. Seurrat de Guilleville ; Mlle Guillon a fondé un lit pour chacune des paroisses de la ville, qui en profitent à tour de rôle ; la commune de Chécy, la commune de Chanteau, Mme d'Alès, née Huet de Froberville ; le Maire d'Orléans, le Maire de Terminiers, Mme de Loynes de Mauléon, la commune de Saint-Hilaire-Saint-Mesmin ; M. Paris de la Bergère, qui a fondé deux lits, l'un d'homme, l'autre de femme, pour chacune des neuf communes suivantes : La Ferté-Saint-Aubin, Dry, Baccon, Charsonville, Villermain, Loigny, Bucy-le-Roi, Trinay, Donnery.

Formalités à remplir pour l'admission d'un malade à l'Hôpital-Général ou pour l'obtention de secours à domicile.

Déposer au Secrétariat des Hospices, un jour au moins avant celui fixé pour l'examen des demandes par la Commission, les pièces suivantes :

1° Le bulletin de naissance du postulant, s'il est célibataire ; le bulletin de mariage, s'il est marié ou veuf (cette pièce s'obtient gratuitement aux mairies ou aux greffes des tribunaux de première instance en expliquant le but auquel elle est destinée, sur la présentation d'un certificat d'indigence) ;

2° Un certificat du commissaire de police du quartier dans lequel le postulant est domicilié, indiquant notamment son état-civil, la durée non interrompue de son domicile à Orléans, et la situation de sa famille (ce certificat se délivre sur des imprimés fournis par l'Administration des Hospices, bureau du Secrétariat);

3° Un certificat d'indigence du curé de la paroisse;

4° Un certificat d'un médecin de la ville, constatant la nature des infirmités;

5° Un certificat de non-imposition.

Le dépôt de ces pièces effectué, le postulant devra se rendre à la séance de la Commission consacrée spécialement à l'examen des demandes de secours et d'entrée. Cette séance a lieu les premiers samedis de chaque mois, à une heure et demie.

Si, en raison de la gravité de ses infirmités, il est impossible au postulant de se présenter à l'examen de la Commission, le certificat du médecin qui l'aura visité devra constater cette circonstance et mentionner aussi le désir formel que lui aura exprimé le postulant d'entrer à l'hôpital ou d'obtenir un secours.

Nota. — Si toutes les formalités ci-dessus ne sont pas exactement remplies, l'examen de la demande du postulant sera rejeté au mois suivant.

Les formalités à remplir pour recevoir des secours à domicile sont les mêmes que pour entrer à l'Hôpital.

Ces secours varient de 120 à 150 francs.

L'Hôpital Général reçoit aussi les enfants trouvés abandonnés ou orphelins. (Voir plus loin : *Inspection des Enfants Assistés.*)

III. HOSPICE DES ALIÉNÉS.

Un pensionnat pour les aliénés des deux sexes est établi dans l'enceinte des Hospices. Une annexe, appelée *le Baron*, est située 24, faubourg Madeleine. Un médecin habitant les hospices et un interne y sont spécialement attachés. Un aumônier est chargé des soins et secours religieux à donner aux malades, lesquels sont conduits, les dimanches et fêtes, aux offices dans la chapelle de l'établissement, lorsqu'ils sont en état d'y assister.

Les aliénés sont divisés par sections suivant la gravité de l'état de chacun. Un promenoir couvert et un jardin sont au milieu de chaque section.

Dans l'intérêt de leur santé, et pour les distraire, on leur crée, autant que possible, des occupations en rapport avec leur position sociale.

Il existe quatre classes de pensionnaires :
Prix de la pension : 1re classe, 1.800 par an.

2e	—	1.000	—
3e	—	700	—
4e	—	460	—

La pension est payée par trimestre et d'avance. En cas de sortie ou de décès, le trimestre courant est acquis à l'établissement.

Les pensionnaires de la première classe ont chacun un domestique qui ne les quitte pas et qui couche dans un cabinet près de leur chambre.

Des chambres particulières sont affectées aux pensionnaires des deux premières classes, et des dortoirs communs aux pensionnaires des 3e et 4e classes. Ces dortoirs sont distincts pour chaque classe. Le régime alimentaire est différent aussi, mais toujours bon et suffisant.

La propreté, la surveillance et les bons soins incessants règnent dans tous les services.

Les pensionnaires des trois premières classes sont habillés à leurs frais ; ils apportent en entrant un trousseau, qui est renouvelé aussi à leurs frais, lorsqu'il en est besoin. Ils apportent également deux paires de drap de toile qui ne sont pas renouvelés, mais qui restent acquis aux Hospices, en cas de sortie comme en cas de décès.

La fourniture des draps peut être remplacée par le paiement d'une somme de 32 fr.

Le trousseau est composé de deux habillements complets, de 12 chemises, 6 paires de bas, 12 mouchoirs, 3 cravates ou fichus, 6 bonnets de nuit et 3 paires de chaussures.

Les pensionnaires de la 4º classe ont un uniforme fourni par les Hospices, mais ils doivent avoir, en entrant, un habillement suffisant pour en être proprement vêtus à leur sortie quelle que soit la saison.

En cas de décès des pensionnaires, la totalité des effets qu'ils ont apportés reste la propriété des Hospices.

Le linge des aliénés de la 4º classe est blanchi et leurs effets sont raccommodés dans l'établissement avec des étoffes fournies par les familles sans augmentation du prix de pension.

Lorsqu'un aliéné vient à décéder, la personne chargée du paiement de sa pension est immédiatement informée. L'inhumation a lieu aux frais de la famille et, à moins de demande contraire, suivant la classe dans laquelle il était placé.

Pièces à fournir pour l'admission d'un aliéné.

1º Une demande d'admission conforme au modèle ci-après, contenant les noms, prénoms, professions, âge et domicile tant de la personne qui la formera que de celle dont le placement sera réclamé ; l'indication du degré de parenté ou, à défaut de parenté, l'indication de la nature des relations qui existent entre elles.

Cette demande sera écrite et signée par celui qui la formera, et, s'il ne sait pas écrire, elle sera reçue par le maire ou le commissaire de police, qui en donnera acte.

Si la demande d'admission est formée par le tuteur d'un interdit, il devra fournir à l'appui un extrait du jugement d'interdiction.

2º Un certificat, n'ayant pas plus de quinze jours de date, délivré par un docteur-médecin, non parent de l'aliéné, constatant l'état mental de la personne à placer et indiquant les particularités de cet état, et la nécessité de faire traiter la personne désignée dans un établissement d'aliénés et de l'y tenir renfermée (légalisé à la Mairie).

3° Un passeport ou toute autre pièce propre à constater l'individualité de la personne à placer.

4° Son acte de naissance ou de mariage.

5° Un engagement sur timbre souscrit par une personne solvable, et en ses droits, portant obligation de payer la pension par trimestre et d'avance, pendant toute la durée du séjour du malade dans l'établissement.

6° Un certificat délivré par le Maire, constatant que la personne prenant cet engagement est dans de bonnes conditions de solvabilité pour assurer le paiement exact de la pension.

Modèle de demande d'admission.

Je, soussigné,   âgé de
profession d.   , domicilié à   ,
déclare que M   , âgé de   ,
né à   , le   ,
domicilié à   profession de   ,
fils de   , et de   ,
célibataire *ou* marié à   *ou veuf*
de   , est atteint d'aliénation mentale.

En conséquence, en ma qualité de   ,
et conformément à la loi sur les aliénés, je demande son admission au quartier des aliénés des Hospices d'Orléans, et déclare assumer la responsabilité de la séquestration.

Fait à   , le

(*Légalisé.*)

Modèle d'engagement.

Je, soussigné (*nom, prénoms, profession, domicile*), en ma qualité de (*père ou de tout autre*) de M. (*nom, prénoms, profession, domicile de l'aliéné*), m'engage envers l'administration des Hospices d'Orléans à payer annuellement, par trimestre et d'avance, entre les mains de M. le receveur des Hospices, la somme de , pour la pension de susnommé, placé sur ma demande dans la classe des aliénés.

Je m'engage aussi à exécuter ponctuellement le règlement des hospices concernant les aliénés, duquel il m'a été donné communication.

Et pour l'exécution de ce que dessus, je déclare faire élection de domicile à Orléans, dans le bureau du susdit receveur.

Fait à , le

(Feuille de papier timbré à 60 cent.)

IV. FONDATION DUBREUIL.

Cette fondation reçoit des pensionnaire des deux sexes, qui paient une pension variant de 1,000 à 1,500 fr. par an. Les hommes et les femmes sont séparés et on ne reçoit pas de ménages.

Le prix de la pension, qui ne comprend pas les frais de blanchissage, est déterminé d'accord avec M. le Secrétaire de la Commission administrative des Hospices (M. HEURTEAU, rue de la Lionne, 30), suivant l'âge, les infirmités des pensionnaires et les soins particuliers qu'ils réclament.

V. INSPECTION DES ENFANTS ASSISTÉS.

L'Hôpital-Général, rue Porte-Madeleine, est un lieu de dépôt, de passage ou de traitement pour les enfants trouvés, abandonnés et orphelins.

C'est un lieu de *dépôt*: 1º pour les enfants des individus arrêtés sous la prévention de crimes ou délits; 2º pour les enfants des personnes reçues dans les hôpitaux. Ils ne sont gardés que jusqu'à la sortie des parents de l'endroit où ils étaient internés. S'ils ne sont pas repris à ce moment, ils passent dans la catégorie des Enfants Abandonnés.

3

C'est un lieu de *passage* ou de *traitement* pour :

1° Les enfants qui ont été exposés dans un lieu quelconque et qui sont reçus sur la remise d'un procès-verbal délivré par l'officier de l'état-civil ; 2° les enfants portés directement à l'hospice et qui sont reçus sur la présentation de l'acte de naissance faite par l'officier de l'état-civil, constatant qu'ils sont nés de père et mère inconnus ; 3° les enfants abandonnés par leurs parents ; 4° les enfants abandonnés par suite de condamnation judiciaire de leur père ou de leur mère (ils sont admis sur l'ordre du commissaire de police) ; 5° les orphelins de père et de mère qui sont admis sur la production de leur acte de naissance et des actes de décès de leurs parents.

Les enfants peuvent être reçus depuis le jour de leur naissance ; après 12 ans ils ne sont plus admis. Aussitôt après leur réception, ils sont envoyés à la campagne ; les nouveau-nés sont confiés à des nourrices, et les plus âgés sont placés chez des artisans ou des cultivateurs.

Ces enfants sont confiés à la surveillance d'Inspecteurs qui examinent s'ils sont convenablement traités, et, au besoin, signent pour eux des contrats d'apprentissage.

Inspecteur pour le département : M. DE BOISSOUDY, 5, Cloître-Saint-Aignan.

Institution des Sourds-Muets.

1, Place Saint-Laurent.

L'Institution des Sourds-Muets, fondée en 1839 à Orléans, par le R. P. Deshayes, est exclusivement affectée à l'instruction des enfants du sexe masculin.

La durée du cours d'études est de huit ans ; elle se partage en deux périodes :

La première, qui comprend quatre années, est consacrée à l'enseignement intellectuel élémentaire.

La seconde embrasse les quatre dernières années et est plus particulièrement consacrée à l'enseignement professionnel.

Les états auxquels se livrent les élèves sont ceux de cordonnier et de tailleur. Les jeunes sourds-muets s'exercent à ces diverses professions suivant leur aptitude, trois heures par jour, et un jour entier par semaine ; le reste du temps est employé à compléter leur instruction.

Enseignement. — Les matières de l'enseignement sont à peu près les mêmes que celles des écoles primaires élémentaires ; le programme des études comprend donc : le catéchisme, le français, l'arithmétique, l'écriture, l'histoire sainte, l'histoire de France, la géographie.

L'enseignement *oral* est seul employé.

Un enseignement comprenant un programme plus étendu peut être donné aux élèves pensionnaires, quand leurs familles en font la demande.

Conditions d'admission. — Il y a deux classes d'élèves :

1º Les *pensionnaires*, pour lesquels le prix de la pension est de 500 francs par an, plus 50 francs pour le blanchissage et le raccommodage du linge et des vêtements ;

2º Les *boursiers*, dont la pension est payée par le département, sauf quelques dépenses que l'établissement prend à sa charge. Le département paie douze bourses entières et dix-sept demi-bourses, la Ville fournit deux bourses.

Pour être admis à jouir d'une bourse, l'enfant doit avoir huit ans révolus et n'avoir pas dépassé treize ans.

Les pièces à produire à la Préfecture pour l'obtention d'une bourse sont: l'acte de naissance, un certificat d'indigence délivré par le Maire, et un autre du médecin constatant l'infirmité de surdi-mutisme et attestant en outre que le candidat a été vacciné, qu'il n'est atteint d'aucune maladie contagieuse, enfin qu'il jouit de toute la plénitude de ses facultés intellectuelles.

L'établissement est dirigé par les Frères de Saint-Gabriel.

Institution des Sourdes-Muettes.

117, Rue Saint-Marceau.

Cette Institution, fondée en 1833 par le R. P. Deshayes, supérieur des Sœurs de la Sagesse, a été dès lors confiée aux religieuses de cet Ordre, qui la dirigent encore maintenant.

L'établissement peut contenir soixante élèves ; le prix de la pension est de 400 francs par an.

On prend généralement les sourdes-muettes à l'âge de sept ou huit ans. Il faut environ huit ans pour les instruire.

Elles sortent du couvent pouvant parler ; elles écrivent en bon style et généralement sans fautes d'orthographe, savent coudre, laver et même broder ; elles sont donc à même de gagner leur vie.

Le département accorde vingt bourses par an.

Pour obtenir une de ces bourses, le père de la jeune fille doit en faire la demande au Préfet par une lettre où il expose son indigence. Il y joint un certificat du Maire de sa commune constatant l'indigence des parents ; 2° l'acte de naissance de l'enfant (sur papier libre) ; 3° le certificat du médecin attestant que l'enfant est sourde-muette et a été vaccinée.

Le moment le plus favorable pour faire la demande des bourses est le mois qui précède la session du Conseil général, soit mars ou juillet.

La Ville donne à l'Institution une somme qui varie chaque année, mais qui équivaut à deux bourses.

Dans les années prospères, l'établissement peut élever gratuitement trois sourdes-muettes indigentes. Pour obtenir cette éducation gratuite, la demande doit en être faite à Madame la Supérieure du Couvent, 117, rue Saint-Marceau.

Ont seuls droit aux bourses données par le département les parents et enfants qui sont nés dans le Loiret et y habitent.

Legs Thiébaud et Porcher.

Ce legs a été fait à la ville d'Orléans en faveur d'apprentis auxquels on remet une somme de 40 fr. par année pendant trois ans.

A l'époque où l'apprentissage était payé, cette somme était versée au patron en déduction du prix d'apprentissage. Aujourd'hui elle est versée aux parents de l'enfant.

Pour avoir part au legs, il faut adresser à M. le Maire une demande motivée; il n'y a aucune époque fixée pour la délivrance de ce legs.

Maison du Bon-Pasteur.

61, Faubourg Madeleine.

Le but de l'Œuvre est de recevoir les filles repenties et de les ramener sincèrement dans le chemin de la vertu.

Toutes les jeunes filles qui ont commis des fautes sont admises à se présenter, pourvu qu'elles le fassent librement et qu'elles ne soient atteintes ni d'infirmités ni de maladies contagieuses. Elles doivent être amenées par des parents ou des protecteurs.

Elles peuvent quitter la maison quand bon leur semble. Rien de fixe pour les conditions de la pension, qui sont traitées de gré à gré.

Les ressources de la maison consistent dans le travail

des pensionnaires (broderie, couture, repassage), dans le produit de quêtes à domicile et d'un sermon de charité.

La Maison comprend aussi l'œuvre de l'Innocence. Cette Œuvre a pour but de recevoir de pauvres orphelines ou des jeunes filles appartenant à des familles chargées d'enfants, que leurs parents ne peuvent ou ne veulent surveiller, de leur conserver l'innocence, et de les soustraire à l'influence des mauvais exemples.

Elles sont reçues depuis sept ou huit ans et restent jusqu'à vingt et un ans. Elles apprennent le métier de lingère.

Les Religieuses de Jésus-Christ Bon-Pasteur et de Marie-Immaculée tiennent cet établissement, qui est en même temps la Maison-mère de l'Institut.

Maison des Dames de Bon-Secours.

8, Rue Sainte-Anne.

Les Dames de Bon-Secours, au nombre de 18, consacrent tout leur temps à soigner les malades de la ville et des environs.

Maison de Notre-Dame-de-Charité du Bon-Pasteur d'Angers.

30, Faubourg Bourgogne.

Cette Maison comprend deux Œuvres nettement distinctes et séparées:

1° Elle offre un refuge aux jeunes filles qui, par leur

mauvaise éducation, par les mauvais exemples qu'elles ont sous les yeux, par les mauvaises sociétés qu'elles sont appelées à fréquenter, sont exposées au danger de tomber dans le mal et de perdre leur âme.

Elles sont accueillies, soit sur leur demande, soit sur celle de leurs parents, à partir de leur première Communion et restent dans la maison jusqu'à leur majorité.

On leur enseigne spécialement les travaux de la couture; une belle vacherie, installée au fond d'un vaste jardin, permet d'en former un certain nombre aux différents travaux de la campagne.

Elles doivent verser, en entrant, une somme de 50 fr. pour payer leur trousseau; mais il arrive souvent que, par suite de l'indigence de la famille, elles sont reçues gratuitement.

Les ressources consistent uniquement dans le produit du travail des jeunes filles.

2° La Maison offre aussi un asile à de jeunes orphelines dans le but de préserver leur innocence et de leur procurer les bienfaits d'une éducation chrétienne. Ces jeunes orphelines n'ont aucun rapport, aucun contact avec le Refuge dont il est parlé ci-dessus.

On les reçoit depuis l'âge de sept à huit ans et on les garde jusqu'à treize. Elles sont initiées aux travaux du ménage.

Le taux de la pension varie selon les ressources de la famille. La pension se paie par mois.

Maison des Sœurs de Bon-Secours de Troyes.

6, Rue des Chats-Ferrés.

Les Sœurs de Bon-Secours de Troyes soignent les malades et les femmes en couches, mais elles n'ont pas de tarif pour les soins qu'elles donnent, elles acceptent ce qu'on veut bien leur remettre.

Elles soignent gratuitement les pauvres.

Maison des Sœurs Dominicaines.

8, Cloître de la Cathédrale.

Les Sœurs Dominicaines se consacrent exclusivement à soigner les malades pauvres à domicile.

Maison des Sœurs de l'Immaculée-Conception.

35, Rue de Recouvrance.

Les religieuses de l'Immaculée-Conception s'adonnent au soin des malades. Elles sont au nombre de seize. Deux d'entre elles s'occupent spécialement des pauvres, dont, en cas de nécessité, elles font le ménage, préparent les repas, etc.

Aux personnes aisées, elles demandent 3 francs par jour, puis 2 fr. 50 et 2 fr. à celles dont la fortune est plus modeste. Les soins qu'elles donnent aux pauvres sont absolument gratuits.

Messes pour le salut et la conversion de la France.

Les Messes dites à cette intention, depuis le 1er novembre 1872, s'élèvent à huit mille environ.

Elles se disent :

Le dimanche à huit heures, à Saint-Pierre-le-Puellier.

Le lundi à six heures et demie, aux Minimes.

Le mardi à sept heures, à Saint-Aignan.

Le mercredi à six heures et demie, à la Sainte-Enfance.

Le jeudi à sept heures, à Saint-Paterne.

Le vendredi à sept heures et demie, à la Cathédrale.

Le samedi à huit heures, à Saint-Paul.

Tous les premiers vendredis du mois, des Messes sont dites dans plusieurs paroisses du diocèse.

S'adresser à Miss Harriett O'HANLON, 32, rue Jeanne-d'Arc.

Orphelinat agricole de Montbouy,
par Châtillon-sur-Loing (Loiret).

Cet Orphelinat, établi aux Giraux, commune de Montbouy, par Mlle Dupuis, reçoit les petits garçons orphelins de père et de mère.

Les enfants qu'on admet doivent être :

1º Enfants légitimes ;

2º Agés de trois ans au moins et cinq ans au plus ;

3º Sains de corps et d'esprit.

Ils sont reçus gratuitement, mais on accepte avec reconnaissance un petit trousseau.

On demande les pièces suivantes :

1º Acte de naissance ;

2º Acte de mariage religieux des parents ;

3º Acte de baptême ou autorisation de baptiser l'enfant ;

4º Certificat du médecin constatant que l'enfant n'a aucune infirmité, difformité ou maladie contagieuse, qu'il a été vacciné ;

5º Engagement de la famille, sur papier timbré, de laisser l'enfant à l'Orphelinat jusqu'à sa majorité.

Les enfants, jusqu'à l'âge de treize ans, suivent les cours d'instruction primaire. A partir de cet âge, ils sont formés aux travaux de la campagne.

Ils sont élevés dans la religion catholique.

Si un enfant était reconnu vicieux, il serait rendu à sa famille.

3.

Orphelinat Saint-Léon,

à La Ferté Saint-Aubin (Loiret).

L'Orphelinat de La Ferté-Saint-Aubin, fondé par Mme Dessales, a pour but de rendre bons chrétiens et honnêtes travailleurs les enfants qui y sont reçus.

Les enfants y sont admis depuis l'âge de six ans révolus jusqu'à neuf ans. A l'âge de treize ans, ils sortent de l'Orphelinat et sont placés le mieux possible selon la vocation manifestée par eux. Ceux que leurs parents désirent reprendre retournent dans leur famille.

Les conditions d'admission sont : 1o que l'enfant soit légitime ; 2o qu'il soit orphelin de père ou de mère ; 3o outre les conditions d'âge précitées, qu'il soit du département du Loiret (il n'est fait à cette règle que de très rares exceptions) ; 4o que l'enfant produise son acte de naissance, de baptême et un certificat de médecin.

Madame la fondatrice reçoit gratuitement un certain nombre d'enfants. Les autres doivent payer une pension annuelle de 240 fr., et, de plus, à leur entrée, 75 fr. pour le trousseau.

Les enfants de l'Orphelinat n'ont pas de vacances, mais on peut venir les voir le premier dimanche de chaque mois. On leur apprend les premiers éléments des travaux du ménage, du jardinage et de la culture.

L'Orphelinat est dirigé par les Sœurs de Notre-Dame des Orphelins.

Un second Orphelinat en formation, également dû à la générosité de Mme Dessales, prendra les enfants à la sortie du premier orphelinat, c'est-à-dire à l'âge de treize ans. Là ils seront initiés aux travaux horticoles ou agricoles, selon leurs aptitudes.

Œuvre de l'Adoption.

L'Œuvre de l'Adoption a pour but de recueillir le plus grand nombre possible d'orphelins de père et de mère.

Les orphelins sont reçus depuis l'âge de cinq ans révolus jusqu'à dix ans accomplis. On les garde, les garçons jusqu'à dix-huit ans, les filles jusqu'à vingt et un ans.

Ils sont élevés par des familles ou des Orphelinats les plus rapprochés du lieu où se fait l'adoption, et doivent être formés surtout aux travaux agricoles. Ils sont placés, aussitôt que possible, et restent sous la surveillance morale de l'Œuvre, des chefs d'établissements et des protecteurs.

En demandant une Adoption, on doit fournir : 1º L'acte de naissance de l'enfant ; 2º l'extrait de baptême ; 3º l'acte de décès du père et de la mère ; 4º le certificat de bonne santé et de vaccine ; 5º l'acte de cession ; 6º une lettre contenant des détails sur la situation de la famille de l'enfant, avec les noms et adresses des parents ou des personnes qui s'occupent de lui.

A l'admission d'un enfant, les personnes qui l'ont présenté paient 50 francs pour le trousseau.

Ressources de l'Œuvre. — Elles se composent d'une cotisation annuelle de cinquante centimes par associé, de dons, de legs testamentaires, de quêtes, de loteries, etc.

S'adresser à Miss Harriett O'HANLON, secrétaire de l'Œuvre, 32, rue Jeanne-d'Arc.

Directeur, M. l'abbé MESURÉ, 10, cloître de la Cathédrale.

Œuvre de l'Adoration nocturne.

14, Rue Sainte-Anne.

Une Association est formée dans la ville d'Orléans, ayant pour but l'Adoration nocturne du Saint-Sacrement, en réparation des offenses qui se commettent envers Notre Seigneur Jésus-Christ, et pour attirer les grâces divines sur l'Église, sur la France, et en particulier sur la ville et le diocèse d'Orléans.

Les hommes seuls peuvent faire partie de l'Adoration nocturne.

Cette Œuvre a été fondée à Orléans en 1854.

Elle se compose de membres actifs, qui consentent à faire chaque année quatre ou cinq nuits d'Adoration, au siège de l'Œuvre, 14, rue Sainte-Anne, et de membres honoraires, que leur âge, leur santé, leurs occupations, empêchent de prendre une part active à l'Œuvre et qui versent une cotisation annuelle de trois francs.

On peut participer aux Indulgences de l'Adoration nocturne en se faisant inscrire comme membre auxiliaire, et en se contentant de l'Adoration diurne dans les paroisses, le jour où le Saint-Sacrement est exposé.

Les ressources de l'Œuvre sont: la cotisation annuelle des membres honoraires, la quête faite à l'Évêché à la réunion des Œuvres Eucharistiques, le produit du tronc placé, les nuits d'adoration, dans la salle de repos pour recevoir les offrandes des adorateurs.

L'Adoration nocturne a lieu les premiers samedis de chaque mois.

Les Membres de l'Œuvre se réunissent quatre fois par an en Assemblée générale, les premiers samedis de mars, juin, novembre, et le 31 décembre.

Président : M. DE GEFFRIER, 22, rue de Recouvrance.

Vice-Président: M. DIDIER-PELLEGRIN, 57, faubourg Saint-Jean.

Aumônier : M. l'abbé HOUARD, vicaire de Saint-Vincent.

Trésorier et Secrétaire : M. DESFRAY, 80, rue Royale.

Cette Œuvre est affiliée à l'Archiconfrérie de l'Adoration nocturne qui existe à Rome, ainsi qu'à celle de l'Église du Vœu-National à Montmartre.

Sa Sainteté Pie IX, par un bref du 24 novembre 1865, lui a accordé de nombreuses indulgences.

Œuvre de l'Apostolat de la prière.

L'Apostolat de la prière est une ligue de zèle et de prière en union avec le Sacré-Cœur. Elle se nomme l'*Apostolat,* parce qu'elle a pour but de faire de tous les chrétiens de vrais apôtres, en excitant partout l'ardeur pour la gloire divine et le salut des âmes. C'est l'*Apostolat de la prière*, car la prière est le moyen principal qui le met en œuvre.

La pratique essentielle de l'Œuvre est l'union avec le divin Cœur de Jésus, par la consécration ou offrande de chaque journée à ces intentions.

Le premier degré comprend les associés, qui se bornent à la pratique essentielle de l'Œuvre, c'est-à-dire à l'*offrande quotidienne.*

Le deuxième degré comprend ceux qui récitent tous les jours *une dizaine du Rosaire* aux mêmes intentions.

Le troisième degré renferme ceux qui, une fois par semaine, ou du moins une fois par mois, font la *communion réparatrice* aux mêmes intentions apostoliques.

Siège de l'Œuvre : Le Couvent de la Visitation, 75, faubourg Bannier.

Œuvre apostolique.

Cette Œuvre a pour but de coopérer à l'extension de la Foi, en venant en aide aux besoins des missions dans les pays infidèles. Elle procure les objets nécessaires ou utiles, soit à la célébration du culte divin, à la décoration des églises, à l'édification des fidèles, soit encore aux missionnaires eux-mêmes ou à leurs néophytes.

Elle se propose aussi de favoriser les vocations indigènes et, selon les ressources offertes à cette intention, elle subvient aux frais d'éducation des jeunes gens qui lui sont recommandés par les vicaires apostoliques.

Les dons de l'Œuvre consistent principalement en objets confectionnés, achetés ou offerts par les Associées, qui peuvent travailler soit chez elles, soit dans un ouvroir.

Les ressources de l'Œuvre consistent en dons en argent et en nature, souscriptions, quêtes et sermons de charité.

Cette Œuvre a été fondée à Orléans en 1838 par Mlle Zoé du Chesne, et s'étend maintenant à toute la France.

Présidente: Mme la baronne DE FINGERLIN, 33, rue des Grands-Champs.

Œuvre de l'Avocat des pauvres.

Cette Œuvre, fondée à Paris en 1849, a pour but de fournir aide, conseil et secours aux pauvres pour la défense ou la réclamation de leurs droits, et de les aider dans les procès qu'ils ont à soutenir, en leur facilitant l'accès de l'Assistance judiciaire.

Elle est soutenue par une allocation des Conférences de Saint-Vincent-de-Paul, de Paris.

Les pauvres habitant Orléans qui se trouveraient dans le cas d'avoir des intérêts à défendre à Paris peuvent avoir recours à cette Œuvre.

Les demandes d'assistance doivent être adressées au Secrétariat-général de la Société de Saint-Vincent-de-Paul, 6, rue de Furstenberg, à Paris.

Œuvre des Campagnes.

Cette Œuvre, fondée à Paris en 1857, a pour but de procurer des missions, sur la demande de l'autorité ecclésiastique, au plus grand nombre possible de paroisses rurales pauvres, de concourir à l'établissement des Sœurs et à l'entretien des écoles; de répandre de bons livres en contribuant à la fondation ou à l'extension des bibliothèques; de fonder, en un mot, toutes les Œuvres de charité et de piété qui peuvent s'organiser dans nos campagnes.

Sont membres de l'Œuvre :

1° *Les Associés.* — Pour être Associé à l'Œuvre des Campagnes et avoir droit à tous les mérites et privilèges de l'Œuvre, il suffit de donner 1 fr. par an.

2° *Les Zélatrices.* — Les Zélatrices se chargent de recueillir, chaque année, la cotisation de douze Associés, ainsi réunis en l'honneur des douze Apôtres.

Directeur : M. l'abbé ROCHER, 13, rue Saint-Étienne.

Présidente : Mme la Vicomtesse D'ALÈS, 30, rue de la Bretonnerie.

Trésorière : Mme DE CURZON, 4, rue de la Vieille-Monnaie.

Œuvre des Cercles catholiques d'Ouvriers.

14, Rue Sainte-Anne.

But. — Le but de l'Œuvre des Cercles catholiques d'ouvriers est le dévoûment de la classe dirigeante à la classe ouvrière, c'est-à-dire de tous les supérieurs aux inférieurs, du riche au pauvre, du maître à son serviteur, du patron à son ouvrier, de ceux, en un mot, qui ont une influence quelconque à tous ceux que cette influence peut atteindre pour le bien. Cette Œuvre appelle donc les hommes ayant des loisirs, de la fortune, de l'instruction, une situation prépondérante, c'est-à-dire les autorités sociales, elle les appelle, dis-je, à accomplir un devoir nécessaire pour leur propre salut ; c'est, selon l'expression de M. Harmel, le devoir de charge d'âmes.

Pour répondre au but de l'Œuvre des Cercles, pour améliorer le sort de l'ouvrier, pour le mettre en contact avec ceux que, jusqu'ici, il avait considérés comme des ennemis, pour lui faire connaître et aimer ceux qui sont plus élevés que lui au point de vue social, pour combattre l'individualisme, qui n'apporte à la classe ouvrière que la misère et le découragement, le Comité des Cercles catholiques d'Orléans a fondé différentes associations, telles que le Cercle ouvrier, le Syndicat professionnel du bâtiment ou Corporation de Saint-Euverte, la Confrérie de Saint-Blaise, l'Association catholique des ouvrières de fabrique, l'Économat des familles, le Secrétariat du peuple, la Confrérie de Saint-Crespin, l'Œuvre de Notre-Dame du Rosaire, l'Association de Sainte-Anne, etc.

L'Œuvre est dirigée par un Comité d'hommes.

Président : Comte DE ROMANET, 28, rue de la Bretonnerie.

Vice-Présidents : M. DE DREUZY, 11, rue de Recouvrance ; M. X....

Secrétaire général : Baron DE FUMICHON, 9 *bis*, rue des Anglaises.

Secrétaire : M. DE SAINT-BASILE, 26, rue de Loigny.

Trésorier : M. ALARDET, 64, rue d'Illiers.

Aumônier du Comité : M. l'abbé DE LA TAILLE, 12, rue Sainte-Anne.

Secrétaire diocésain : M. l'abbé BOULLET, 14, rue Sainte-Anne.

Réunion du Comité. — Tous les vendredis à 4 heures et demie.

Association des Dames patronnesses.

Secrétaire générale : Vicomtesse de CHAULNES, 11, rue des Gourdes.

Secrétaire diocésaine : Mme DE LAAGE DE MEUX, château de Maisonfort, par Olivet (Loiret), chargée de la propagande de l'Œuvre dans le diocèse.

Œuvre charitable ou Œuvre des Prisons.

L'Œuvre des Prisons, appelée à l'origine *Œuvre charitable*, a été fondée en 1816 ; c'est la plus ancienne des Associations de charité à Orléans. Elle comprend quatre branches : 1° l'Œuvre des Malades ; 2° l'Œuvre des Prisonniers ; 3° l'Œuvre de Saint-François-Régis ; 4° la Bibliothèque des Bons Livres.

I. *Œuvre des Malades.* — Cette Œuvre a pour but d'aller à domicile, sur l'invitation de MM. les ecclésiastiques et des sœurs de chaque paroisse, porter aux pauvres ouvriers malades les adoucissements que réclament à la fois leurs souffrances et leur pauvreté. Les membres de l'Œuvre coopèrent ainsi au bien des âmes, non seulement par des secours matériels, mais encore et surtout par de bonnes paroles et de bons exemples. Beaucoup de pauvres ouvriers leur ont dû l'amélioration de leur santé ou une mort chrétienne.

Au décès de ses protégés, l'Œuvre fait dire une messe pour le repos de leur âme.

II. *Œuvre des Prisonniers.* — Il y a peu d'années, un membre de l'Œuvre allait chaque jour dans la prison réciter une prière et faire une lecture édifiante aux prisonniers. A leur sortie de prison, on leur donnait les vêtements indispensables.

Cette autorisation ayant été retirée, l'Œuvre se contente de remettre à M. l'aumônier une rétribution annuelle de 100 fr.

III. *Œuvre de Saint-François-Régis.* — L'Œuvre de Saint-François-Régis a été fondée dans le but de régulariser des unions illégitimes entre indigents ; elle aide aussi à la conclusion des mariages légitimes et à la légitimation des enfants naturels. Sont considérés comme indigents ceux qui, n'étant pas imposés au rôle des contributions directes ou payant moins de 10 francs de contributions, peuvent obtenir un certificat d'indigence et par suite les avantages conférés à ces certificats par la loi du 10 décembre 1850.

L'Œuvre donne toutes les indications, fait toutes les démarches et prend au compte de l'Association tout ou partie des frais de poste, de timbre, etc. Elle se charge de procurer gratuitement aux futurs tous les actes, les jugements, les dispenses nécessaires à la célébration du mariage civil et religieux. Elle ne distribue pas de secours, mais elle remet à chaque futur une alliance en argent et une médaille destinée à servir de pièce de mariage.

Directeur de l'Œuvre: M. Albert CHAROY, 40, boulevard Alexandre-Martin.

Zélateur : M. CHAPUSOT, 48, rue du Bourdon-Blanc.

L'Œuvre de Saint-François-Régis, fondée à Paris en 1826, a été englobée dans l'Œuvre des Prisons d'Orléans.

IV. *Bibliothèque des Bons Livres.* — Fondée par l'Œuvre des prisons en 1845, la Bibliothèque d'Orléans a pour but de répandre et de propager les bons livres et de combattre ainsi la propagande anti-religieuse. Elle renferme de nombreux et intéressants volumes.

Elle comprend deux sections.

La première, qui est en même temps la plus importante, renferme le choix le plus varié d'ouvrages nouveaux, d'histoire, de littérature, etc. Le prix de l'abonnement est de 12 fr. par an, de 6 fr. pour MM. les ecclésiastiques.

Une deuxième section, plus appropriée aux lecteurs ordinaires, se compose de livres dans lesquels l'intérêt s'unit au sérieux et l'agrément à une morale irréprochable. Le prix de l'abonnement est de 2 fr. par an.

Les Conférences de Saint-Vincent de Paul prennent dans cette deuxième section pour distribuer gratuitement des livres aux pauvres qui en désirent.

Cette bibliothèque s'ouvre tous les jours; en semaine, de 10 heures du matin à 5 heures du soir ; le dimanche, de 1 heure à 3 heures de l'après-midi. Elle est située 14, rue du Grenier-à-Sel.

Moyennant 10 fr. par an, les paroisses éloignées reçoivent et renvoient tour à tour, dans des boîtes *ad hoc*, tous les livres qu'elles désirent.

Directeur : M. BAGUENAULT DE PUCHESSE, 136, rue Bannier.

Bibliothécaire: M. Ch. GIGOU, 14, rue du Grenier-à-Sel.

Le Trésorier-général de l'Œuvre des Prisons est M. GUILLAUME, 9, rue Parisis.

Les ressources de l'Œuvre consistent dans le produit de quêtes à domicile faites par les Membres de l'Œuvre.

L'Œuvre des Campagnes et le Comité catholique assistent la Bibliothèque des Bons Livres.

Œuvre des Cotonnières.

5, Boulevard Saint-Vincent.

Cette Œuvre, fondée en 1886, a pour but de moraliser et de ramener à la pratique religieuse, ou de maintenir dans la voie chrétienne, les jeunes filles fréquentant la fabrique de coton dirigée par MM. Gourdin et Gravier, 29, boulevard Alexandre-Martin.

C'est pendant le court espace de temps qui leur est laissé au milieu de la journée que ces jeunes filles se rendent tous les jeudis à la Communauté des Dames Auxiliatrices, 5, boulevard Saint-Vincent.

Le chant d'un cantique, l'explication de la doctrine chrétienne, la distribution de bons livres, une petite chanson destinée à remplacer les refrains de l'atelier, tels sont les simples exercices venant rappeler à ces enfants qu'elles ont une âme à sauver, et leur apprendre à sanctifier leur labeur incessant.

Au début, cette Œuvre comptait 20 jeunes filles ; aujourd'hui elles sont 90.

Des récompenses, dues à la générosité de M. Gourdin, viennent chaque année stimuler le zèle de ces jeunes filles et les exciter à faire de nouvelles recrues.

Présidente de l'Œuvre : Mme GOURDIN, 28, rue de la Bretonnerie.

Œuvre de la Crèche.

3, Rue des Chats-Ferrés.

L'Œuvre de la Crèche a pour but de permettre aux mères indigentes de travailler hors de chez elles.

On prend les enfants à l'âge de 15 jours, et on les

garde jusqu'à 3 ans. Ils sont gardés, nourris et soignés pendant le jour ; ils reçoivent deux soupes par jour ou du lait selon leur âge.

On demande généralement une rétribution de 10 centimes par jour et par enfant.

La Crèche contient de 30 à 40 enfants. Elle est tenue par les Sœurs du Bon-Secours de Troyes.

Elle est ouverte tous les jours, excepté les dimanches et fêtes.

L'Œuvre de la Crèche est une fondation particulière, surveillée par un comité de Dames. Elle reçoit des enfants de toute la ville.

Présidente : Mme DESCHAMPS-RONCERAY, 6, place du Martroi.

Œuvre des Dames auxiliatrices du Purgatoire.

5, Boulevard Saint-Vincent.

Les Dames Auxiliatrices du Purgatoire soignent les malades pauvres à domicile, font le ménage, les commissions, pansent les plaies, ensevelissent les morts.

Elles réunissent chaque dimanche, de une heure à trois heures, 150 vieilles femmes auxquelles elles enseignent le catéchisme et donnent des conseils. Deux fois par an, les Dames Auxiliatrices leur font une distribution de vêtements ou d'objets de ménage. Elles leur font donner une retraite annuelle.

La maison a aussi une Œuvre de persévérance pour les jeunes ouvrières.

Une bibliothèque populaire est établie dans la maison.

Tous les jeudis et pendant les vacances, les Dames Auxiliatrices reçoivent les petites filles des écoles congréganistes, laïques ou protestantes, afin de leur faire du bien et de les empêcher d'errer dans les rues.

Œuvre des Demoiselles de commerce.

A la Présentation, 23, rue Sainte-Anne.

Procurer aux jeunes filles employées dans le commerce un lieu de réunion pour se distraire chrétiennement, un appui pour se soutenir et s'encourager dans le bien et une société de secours mutuels pour s'assurer des ressources en temps de maladie et dans les besoins de la vie, tel est le but de l'Œuvre des demoiselles de commerce.

Les associées sont au nombre d'environ 70.

En cas de maladie, elles sont transportées, visitées et soignées au couvent de la Présentation.

Les ressources de l'Œuvre consistent dans les cotisations des associées, des membres honoraires, des fondateurs.

Chaque année, pendant le Carême, une assemblée générale des membres de l'Œuvre se tient à l'Évêché sous la présidence de Monseigneur.

Présidente : Mme PILLET-PÉREIRA, 21, rue du Pot-de-Fer.

Directeur : M. l'abbé SEJOURNÉ, à l'Évêché.

Œuvre du Denier de Saint-Pierre.

L'Œuvre du Denier de Saint-Pierre a pour but de subvenir aux besoins du Saint-Siège par les offrandes volontaires des fidèles.

Cette Œuvre existe en France dans un grand nombre de diocèses.

Dans le diocèse d'Orléans, deux quêtes annuelles ont lieu, dans toutes les paroisses, le dimanche de l'Épiphanie et le dimanche de la Pentecôte.

Œuvre des Écoles libres.

Un comité, placé sous le haut patronage de Monseigneur l'Évêque, a été formé à Orléans, au moment de la laïcisation des écoles communales, dans le but de favoriser la création des écoles libres et de constituer au profit des paroisses pauvres un fonds commun pour l'établissement et l'entretien de leurs écoles.

Le comité se charge de recueillir les ressources nécessaires à la création et à l'entretien des écoles libres et de veiller à la bonne éducation littéraire et religieuse des enfants.

Le comité examine les demandes qui lui sont adressées et répartit, selon les besoins les plus urgents, les fonds qui sont mis à sa disposition. Il transmet aussi, suivant les intentions des souscripteurs, les sommes versées à sa caisse avec affectation spéciale.

Président : M. BAGUENAULT DE PUCHESSE, 136, rue Bannier.

Secrétaire : M. Adh. DES FRANCS, 74, rue du Colombier.

Trésorier : Baron H. D'ALÈS, 12, rue Neuve.

Œuvre des Écoles d'Orient.

Cette Œuvre, solennellement approuvée par le Saint-Siège, a pour but d'entretenir et de propager l'unité catholique en Orient, en multipliant les écoles, asiles, crèches, orphelinats, noviciats, séminaires, refuges et communautés catholiques, ainsi que les Œuvres qui s'y rattachent.

Les souscriptions pour l'Œuvre se recueillent par dizaines. Pour constituer une dizaine, il suffit de verser une somme annuelle de 10 fr., soit qu'on la fournisse seul, soit qu'on réunisse plusieurs souscriptions de 1 fr. ou plus.

Une quête au profit de l'Œuvre est faite chaque année à la Cathédrale, le premier dimanche de carême.

Le siège de l'Œuvre, à Orléans, est à la maison de la Sainte-Enfance, 7, rue d'Escures.

Directeur : M. l'abbé HAUTIN, vicaire général.

Président : M. Adhémar DES FRANCS, 74, rue du Colombier.

Secrétaire-Trésorier : M. DE SAINT-BASILE, 26, rue de Loigny.

Présidente du Comité des Dames : Mme la Comtesse D'AUTICHAMP, 3, rue Jeanne-d'Arc.

Secrétaire-Trésorière : Mme la Marquise DE FRICON, 41, rue de la Bretonnerie.

La répartition des fonds est faite par le Conseil général de l'Œuvre, siégeant à Paris, 12, rue du Regard.

Œuvre des Églises pauvres ou des Tabernacles.

Le but de cette œuvre est le culte dû à la Sainte-Eucharistie, et par suite l'ornementation des églises pauvres du diocèse. Les quêtes, les souscriptions, les dons en nature, tels que bijoux, vieille argenterie, robes, étoffes de soie, toile, fleurs artificielles, etc., sont employés à secourir les églises pauvres. Les Dames se réunissent chaque semaine dans des ouvroirs ou travaillent chez elles à confectionner les objets nécessaires au culte.

Les demandes pour les Églises pauvres doivent être déposées à l'Évêché.

Les secours consistent en ornements, linge d'église, vases sacrés, flambeaux, etc.

Président: M. l'abbé DE LA TAILLE, 12, rue Sainte-Anne.

Directeur : M. l'abbé RIVET, 19, rue Saint-Euverte.

Directrice de l'Œuvre des Ornements : Mme DE PUY-VALLÉE, 6, cloitre de la Cathédrale.

Œuvre de la Jeunesse ouvrière.

29, Rue du Colombier.

Le but de cette Œuvre est d'offrir aux jeunes gens qui en font partie un lieu de réunion qui les préserve de tout danger moral et leur procure les meilleurs moyens de persévérer dans le bien.

Elle comprend trois catégories : 1° les jeunes ouvriers ; 2° les apprentis ; 3° les écoliers.

I. JEUNES OUVRIERS. — Pour faire partie de l'Œuvre, il faut : 1° avoir seize ans accomplis ; 2° pouvoir présenter de bonnes références. Ceux des jeunes gens qui n'ont pas leurs parents en ville et qui ne sont ni logés ni nourris chez leurs patrons peuvent, après avoir fréquenté l'Œuvre pendant deux mois au moins, et moyennant certaines conditions, y prendre pension.

II. APPRENTIS. — Les Apprentis sont reçus au patronage aussitôt après la première communion. Après un laps de temps plus ou moins long, suivant leur assiduité et leur bonne conduite, ils deviennent agrégés de l'Œuvre et sont visités chaque mois par un de MM. les Membres du Comité, soit dans leurs familles, soit chez leur patron.

La maison de l'Œuvre est ouverte les dimanches et fêtes toute la journée, et en semaine, tous les soirs. Le dimanche, on y célèbre les offices, on y prend des récréa-

4

tions de toute sorte ; elles ont lieu, pendant l'été, à la campagne.

En semaine, sauf l'époque des vacances, des cours de dessin et de français sont faits par les Frères des Écoles Chrétiennes.

III. ÉCOLIERS. — Cette dernière catégorie comprend les enfants de 10 à 12 ans qui fréquentent les écoles. Ils sont acceptés sur la recommandation de celui de MM. les ecclésiastiques qui leur fait le catéchisme ou de toute autre personne recommandable. Ils viennent à l'œuvre tous les jeudis de l'année de 1 heure à 5 heures, et, pendant les grandes vacances, tous les jours, le dimanche excepté.

Hôtellerie de l'Œuvre de la Jeunesse ouvrière.

Une Hôtellerie est instituée dans l'Œuvre en vue de procurer logement et nourriture aux Membres de l'Œuvre dont les parents n'habitent pas Orléans.

Conditions d'admission. — On n'accepte comme pensionnaires que des jeunes gens : 1º déjà connus ; 2º âgés d'au moins 16 ans ; 3º en état de gagner leur vie.

On ne fait exception à cette règle (sous la condition de renseignements très sérieux et excellents) que pour ceux qui auraient toujours jusque-là vécu dans leur famille, ou qui viendraient directement d'une œuvre semblable. Les autres pourraient être admis à fréquenter l'Œuvre, mais n'y seraient que plus tard reçus comme pensionnaires.

Prix. — Le prix de la pension est de 50 francs par mois pour la nourriture, et il varie, pour la chambre, entre 7 et 10 francs. Les absences que peuvent faire les jeunes gens ne donnent lieu à aucune réduction si elles durent moins de trois jours consécutifs. Quand elles durent au moins trois jours, on déduit 1 fr. 50 c. par chaque jour d'absence.

Lorsqu'un membre de l'Œuvre est autorisé à prendre avec les pensionnaires un ou plusieurs repas, il est redevable pour chacun de 75 centimes. Seul, le repas du dimanche soir est donné par exception (afin de faciliter à tous le dîner à l'Œuvre) au prix de 50 centimes.

Paiement. — Le paiement de la pension doit être effectué régulièrement tous les mois. Le prix de la chambre est dû depuis le premier jour du mois dans lequel on y est entré.

Chambres. — L'Œuvre se charge du nettoyage et du rangement des chambres, qui sont faits chaque matin. Chacun doit veiller à ne pas détériorer les meubles et objets affectés à son usage ; autrement ils seraient remplacés ou réparés à ses frais.

Lorsque les pensionnaires sont dans leur chambre, ils sont priés d'y garder le silence. Dans le jour ils n'y doivent pas séjourner.

Heures des repas. — Le matin, les pensionnaires prennent un premier déjeuner avant de partir pour le travail ; le repas de la matinée a lieu à 11 heures (à midi le dimanche), celui du soir à 7 heures.

Le titre de pensionnaire impose à tous une conduite exemplaire. Ils sont astreints à suivre complètement le règlement de l'Œuvre.

Président de l'Œuvre : M. DE LA TAILLE, 30, Boulevard, Alexandre-Martin.

Directeur : M. l'abbé DE POTERAT, 29, rue du Colombier.

Sous-Directeur : M. l'abbé DUPREZ, 29, rue du Colombier.

Œuvre de M. l'abbé Lefranc,

Vicaire de Saint-Paterne.

Voir Œuvre paroissiale militaire de Saint-Paterne, page 66.

Œuvre de Notre-Dame-du-Rosaire.

Cette Association, fondée par l'Œuvre des Cercles catholiques d'ouvriers, à laquelle elle est rattachée par l'intermédiaire de sa Présidente, Dame patronnesse de l'Œuvre, a pour but d'offrir aux ouvrières de manufacture la facilité de se réunir les dimanches et jours de fête pour se distraire chrétiennement, se soutenir, s'encourager dans le bien et prier pour la conversion des ouvriers.

L'Association se réunit le dimanche et les jours de fête, le Conseil une fois par mois.

Les ressources consistent dans les cotisations des membres du Comité et des membres fondateurs.

Directeur ecclésiastique : M. le Curé de Saint-Marc.

Présidente : Mme Paul RENARD, 2, faubourg Madeleine.

Vice-Présidente : Mme MAC-AVOY, 10, rue Saint-Marc.

Trésorière : Mme la vicomtesse DE TARRAGON, 11, rue de Recouvrance.

Directrice : Mme la Supérieure des Sœurs de SAINT-AIGNAN, 20, rue Saint-Marc.

Œuvre de Notre-Dame de Sion.

La Congrégation de Notre-Dame de Sion a été fondée, en 1844, par le P. Ratisbonne.

En dehors de ses nombreux pensionnats, elle donne un asile et l'instruction religieuse aux jeunes filles israélites qui demandent le baptême. Elle les reçoit avec le consentement de leurs parents et les élève gratuitement dans ses catéchuménats.

Plusieurs maisons de cet Ordre sont établies en France, à l'étranger et particulièrement à Jérusalem.

Le siège de l'Œuvre est à Paris, 61, rue Notre-Dame-des-Champs.

Directeur de l'Œuvre à Orléans : M. l'abbé DE SAINT-AIGNAN, 5, rue des Grands-Ciseaux.

Zélatrice : Miss Harriett O'HANLON, 32, rue Jeanne-d'Arc.

Œuvre des Pansements.

17, Rue des Grands-Ciseaux.

Cette Œuvre, fondée à Orléans, en 1844, par MM^{lles} de Loynes et Seurrat et par M. le chanoine Miron, a pour but de venir en aide à tous les malheureux de la ville et des environs, en pansant sur place leurs plaies, telles que vésicatoires, cancers, humeurs froides, panaris, etc., et en leur fournissant le linge et les bandes nécessaires, le tout gratuitement.

La salle de pansement, 17, rue des Grands-Ciseaux, est ouverte les lundi, mercredi et samedi de chaque semaine, de dix heures à onze heures et demie du matin.

Des dons volontaires sont l'unique ressource de l'Œuvre.

ŒUVRES PAROISSIALES.

Des Œuvres identiques existent dans un certain nombre de paroisses de la ville, telles que l'Œuvre des Dames patronnesses, la confrérie du Saint-Sacrement. Il sera parlé de la première dans les Œuvres de la paroisse de Sainte-Croix ; la confrérie du Saint-Sacrement fait l'objet d'un chapitre spécial.

4.

Paroisse de Sainte-Croix.

Œuvre des Dames des pauvres. — Le but de cette Œuvre est non seulement de distribuer des secours matériels, mais surtout de connaître les familles, de gagner leur confiance, de les aider par des conseils et de s'assurer que les enfants sont bien placés à l'école et à l'atelier.

La paroisse de Sainte-Croix est partagée en quatre quartiers, confiés chacun à une Dame des pauvres et à une suppléante.

Les Dames des pauvres prêtent de bons livres, s'informent si l'on reçoit de mauvais journaux ; elles s'occupent des malades, appellent le médecin et le prêtre, assistent à l'administration des sacrements et suivent les enterrements.

Œuvre des Dames patronnesses. — Les Dames patronnesses se chargent de visiter une ou plusieurs familles pauvres, recueillent les divers objets qu'on veut bien donner à l'Œuvre, distribuent une fois l'an des vêtements qui sont remis aux familles désignées par les Dames des pauvres ou par le curé de la paroisse, et en surveillent la conservation.

Médecin des pauvres. — M. le docteur Rocher, 4, rue de l'Évêché, donne des consultations gratuites, les mardis, jeudis et samedis, de une heure à deux heures, aux indigents de la paroisse. Il va, gratuitement aussi, visiter à domicile les malades pauvres qui demandent ses soins.

Écoles libres de la paroisse de Sainte-Croix.

1º Écoles primaires de garçons (Frères des Écoles chrétiennes).

Externat de Saint-Bonose, 218-220, rue Bourgogne.

Maîtrise de Sainte-Croix, 45, rue du Bourdon-Blanc.

2º Écoles de filles (Dames de la Sagesse).

Externat, 17, rue d'Escures.

École, 11, rue des Grands-Ciseaux.

3º Salles d'asile (Dames de la Sagesse).

17, rue d'Escures.

12, cloître de la Cathédrale.

Paroisse de Saint.-Paul.

Œuvre des Bonnes Femmes. — Les femmes pauvres de la paroisse de Saint-Paul se réunissent tous les dimanches pendant l'hiver pour entendre une instruction de M. le curé.

Une des Dames patronnesses leur fait de temps en temps, à l'issue de l'instruction, une distribution de bois, de pain, de vêtements. Une distribution de viande a lieu deux fois par an.

Une centaine de femmes assistent généralement à cette réunion.

Dames des pauvres et Dames patronnesses. — Les Dames des pauvres se réunissent 10, rue du Cloître-Saint-Paul. Elles distribuent tous les quinze jours du pain et du bois,

Les Dames patronnesses donnent des vêtements en hiver.

Dispensaire médical. — Le lundi et le vendredi, à dix heures et demie du matin, M. le docteur Luizy, 10, rue Porte-Madeleine, donne des consultations gratuites aux indigents de la paroisse, dans la chambre des indigents, 10, rue du Cloître-Saint-Paul.

Les Sœurs de la rue de l'Ange, sur la présentation d'un billet du médecin, délivrent des remèdes également gratuits ou adressent au pharmacien.

Écoles libres de Saint-Paul.

1º Écoles primaires de garçons (Frères des Écoles chrétiennes).

Externat de Saint-Paul, 34, rue de Recouvrance.

École Saint-Paul, 3, cloître Saint-Paul.

2º Écoles primaires de filles (Sœurs de la Sagesse).

Externat, 13, rue de l'Ange.

École, 34, rue Stanislas-Julien.

3º Salle d'asile (Dames de la Sagesse), 8, rue des Charretiers.

Paroisse de Saint-Paterne.

OEuvre des Patronnesses du Catéchisme. — Les jeunes filles du Catéchisme de persévérance adoptent les enfants plus jeunes pour surveiller leur instruction religieuse, leur donner des vêtements et les patronner jusqu'à leur sortie de métier.

OEuvre des Saints-Anges. — Les jeunes gens ayant fait leur première communion patronnent de jeunes garçons pauvres, les habillent, surveillent leur éducation religieuse et leur conduite à l'école jusqu'à leur première communion.

Dispensaire médical. — Tous les jeudis, de dix heures à onze heures et demie, MM. les docteurs Martin et Fauchon, alternativement pendant trois mois, donnent des consultations gratuites, 17, rue du Chapon. Des remèdes gratuits sont délivrés, sur ordonnance du médecin, dans la même maison par les Religieuses chargées de la pharmacie.

OEuvre paroissiale militaire de Saint-Paterne. — S'adresser à M. l'abbé LEFRANC, vicaire de la paroisse, 39, rue du Bœuf-Saint-Paterne.

Écoles libres de Saint-Paterne.

1º Écoles primaires de garçons (Frères des Écoles chrétiennes).

Maîtrise de Saint-Paterne, 10, rue du Chapon.

Externat de Saint-Joseph, 88, faubourg Bannier.

2º Écoles primaires de filles (Dames du Sacré-Cœur).

École, 80, faubourg Bannier.

Externat (Dames de la Sagesse), 26, rue des Grands-Champs.

École (Dames de la Sagesse), 17, rue du Chapon.

3º Salles d'asile (Dames du Sacré-Cœur), 80, faubourg Bannier.

(Dames de la Sagesse), 26, rue des Grands-Champs.

Paroisse de Saint-Aignan.

Pharmacie et dispensaire médical. — La pharmacie est tenue dans un local attenant à l'église, où une Sœur de la Grande-Providence prépare des tisanes et des sirops ; les médicaments sont fournis par M. Fouqueau, pharmacien, 107, rue Bourgogne, qui a la surveillance de cette petite pharmacie.

M. le docteur Baranger, 2 *bis*, rue du Bourdon-Blanc, donne des consultations gratuites chez lui, les mardis et jeudis, à deux heures et demie.

M. le curé de la paroisse dirige l'Œuvre de la pharmacie, la Sœur visite les malades et donne les secours. Elle centralise les ressources ; c'est elle qui remet aux Dames patronnesses les objets à distribuer aux familles pauvres.

Un sermon de charité et deux quêtes annuelles alimentent cette Œuvre.

École primaire libre de filles, tenue par les Dames Ursulines, 1, rue des Cinq-Marches.

Paroisse de Saint-Marceau.

Œuvre de la Persévérance des jeunes gens.

Les jeunes gens de la paroisse âgés d'au moins 14 ans se réunissent chez les Frères des Écoles Chrétiennes, 78, rue Saint-Marceau, tous les dimanches après vêpres, jusqu'à 7 heures du soir.

Ils y trouvent des jeux divers, billards, quilles, etc.

Ce patronage est dirigé par M. l'abbé Bret, vicaire de la paroisse.

Œuvre de la Persévérance des Jeunes Filles, dites Enfants de Marie.

Les jeunes filles du Catéchisme de Persévérance de la paroisse sont reçues au Couvent des Sourdes-Muettes, 117, rue Saint-Marceau, tous les dimanches après vêpres jusqu'à 6 heures 1/2 du soir.

On fait une lecture pieuse, on récite une dizaine de chapelet; elles se livrent ensuite à des récréations diverses.

Deux fois par an, ces jeunes filles jouent des pièces de comédie.

Œuvre des femmes pauvres.

Les femmes pauvres de la paroisse se réunissent tous les dimanches après vêpres, 117, rue Saint-Marceau, sous la présidence de M. le Curé. Il fait faire la prière, adresse une courte allocution, distribue des bons de pain, des bons de présence; ces derniers donnent aux femmes une part, d'autant plus grande qu'ils sont plus nombreux, à deux loteries annuelles composées de lots utiles, tels que vêtements ou vivres.

Dispensaire médical.

Au couvent des Sourdes-Muettes, 117, rue Saint-Marceau, des remèdes fabriqués au Couvent, ou à *la pharmacie*, 4, rue de Gourville, sont distribués gratuitement aux indigents de la paroisse à toutes les heures du jour et payés par M. le Curé de Saint-Marceau.

Tous les mardis et vendredis, de trois heures à cinq heures, M. le docteur Damond donne, au même endroit, des consultations gratuites.

Écoles libres de la paroisse.

1° École des Frères, 78, rue Saint-Marceau.

La pension est de 1 fr. 50 par mois. De nombreuses bourses, accordées par M. le Curé de la paroisse, permettent d'y instruire les enfants pauvres.

L'école peut contenir 150 élèves.

2° École gratuite de filles et école maternelle (salle d'Asile), dites de Saint-Joseph, 46, rue Dauphine, dirigées par les Sœurs de la Sagesse.

Ces classes peuvent contenir 160 enfants, asile compris.

Visite gratuite, une fois par mois, du docteur Huas, 85, rue Saint-Marceau.

3° École payante de filles et classe enfantine, dites de Sainte-Marie, 117, rue de Saint-Marceau, dirigées par les Sœurs de la Sagesse.

Prix : 3 fr. par mois ; 5 fr. pour deux sœurs ; mêmes prix pour la classe enfantine, qui est composée de filles et de garçons. Toutes les classes peuvent contenir 150 élèves.

Paroisse de Saint-Pierre-le-Puellier.

Cette paroisse possède, 4, cloître Saint-Pierre-le-Puellier, une maison tenue par les Dames de la Sagesse où on trouve :

1° Trois classes gratuites ;

2° Une pharmacie gratuite ;

3° Un ouvroir dans lequel on élève des orphelines de père et de mère. En recevant l'enfant, la Supérieure fait avec la personne qui l'amène un arrangement pour la rétribution à réclamer. A partir de l'âge de treize ans, les jeunes filles apprennent à travailler et restent dans la maison jusqu'au moment où elles peuvent être placées.

M. le docteur Henri Chaignot, 2, cloître Saint-Pierre-Empont, fait le service des pauvres de la paroisse et donne des consultations gratuites chez lui.

Paroisse de Saint-Donatien.

Dispensaire médical. — Dans la maison d'école, 6, rue du Plat-d'étain, existe une pharmacie, tenue par les Sœurs. M. le docteur Baille, 36, rue des Carmes, est chargé du service des pauvres de la paroisse et donne tous les jours chez lui, à onze heures et demie, des consultations gratuites.

Le médecin et les médicaments sont payés par la paroisse.

Les Sœurs de la Sagesse, 6, rue du Plat-d'étain, tiennent une école primaire de filles, un externat de filles, et une salle d'asile.

Paroisse de Notre-Dame-de-Recouvrance.

Œuvre de la Sainte-Famille. — Tous les dimanches à six heures du matin en été, à sept heures en hiver, une messe est dite et une instruction faite pour les mères de familles pauvres de la paroisse. Une fois par mois, à l'issue de la messe, elles reçoivent une distribution de pain.

Confrérie de la Bonne-Mort. — Cette Confrérie, fondée en 1864 par M. l'abbé Clesse, compte de nombreux adhérents.

Dispensaire médical. — Tous les mercredis, à onze heures, rue Stanislas-Julien, 12, M. le docteur Fauchon donne des consultations gratuites, et les Sœurs déli-

vrent des remèdes aux malades qui sont sur la liste des
pauvres.

Communion pascale des malades. — Chaque année, le
mardi de la Semaine Sainte, à sept heures du matin, le
clergé de Notre-Dame de Recouvrance va visiter les malades de la paroisse, pour leur faire accomplir leur devoir pascal. Le Saint-Sacrement est porté processionnel-
lement à travers les rues et est escorté par un certain
nombre de confrères du Très-Saint-Sacrement, jusque
dans la chambre des malades.

Écoles. — Une école primaire libre de filles, tenue par
les Sœurs de Ruillé-sur-Loir, 12, rue Stanislas-Julien.

Salle d'asile, 12, rue Stanislas-Julien.

Salle d'asile (Dames de la Sagesse), 8, rue des Charretiers.

Paroisse de Saint-Laurent.

Patronage de jeunes gens.

Le but de ce patronage est d'entretenir chez les jeunes
enfants l'amour de Dieu et la pratique des vertus chrétiennes et de les encourager à persévérer dans le bien.

Ce patronage comprend :

1o L'œuvre du Jeudi, qui a pour but de prendre les enfants pendant ce jour de congé et de leur éviter ainsi
les dangers d'une trop grande liberté.

Sont admis tous les enfants de la paroisse, qu'ils appartiennent à une école laïque ou à une école congréga-
niste.

2o L'Œuvre des jeunes gens, qui reçoit tous les jeunes
gens un an après leur première communion, à 13 ans
environ.

Ce patronage, dirigé par M. l'abbé GLANEUR, vicaire
de la paroisse, a son siège 2, rue Basse-d'Ingré.

5

Écoles libres de la paroisse.

Les Sœurs de la Providence de Ruillé-sur-Loir tiennent :

1º Un externat, 12, place Saint-Laurent ;

    —   13, rue de Coulmiers ;

2º Une école primaire, 14, venelle du Croc;

3º Une salle d'asile,   —

    —   13 *bis*, rue de Coulmiers.

Paroisse de Saint-Vincent.

Patronage de jeunes gens. — Ce patronage, fondé en 1886, est établi sur la paroisse, rue du Château-Gaillard, et dirigé par M. l'abbé Houard, vicaire de Saint-Vincent.

Les enfants de la paroisse y sont seuls admis, à quelque école qu'ils appartiennent, mais ne peuvent y être reçus avant leur première communion.

Quelques-uns des membres du patronage vont encore en classe, le plus grand nombre sont des apprentis ; douze ou quinze sont ouvriers.

Patronage de jeunes filles. — Ce patronage, fondé en 1878, comprend, en grande partie, les jeunes filles sortant de l'école libre dirigée par les Sœurs de Sainte-Marie d'Angers, 5, rue de la Poule.

Médecin des pauvres. — M. le docteur Baranger donne des consultations gratuites chez lui, 2 *bis*, rue du Bourdon-Blanc, tous les jours, de une heure à trois heures, aux indigents de la paroisse et visite à domicile ceux d'entre eux que la maladie empêche de sortir.

Écoles. — Les Sœurs de Sainte-Marie d'Angers tiennent :

1º Un externat de filles,   ⎫

2º Une école de filles,   ⎬   6, rue de la Poule.

3º Une salle d'asile,   ⎭

Paroisse de Saint-Marc.

Patronage de jeunes gens. — Ce patronage, établi 37, rue de l'Église-Saint-Marc, est dirigé par M. Poilrat, organiste de la paroisse.

Les jeunes garçons y sont admis un an après leur première communion, c'est-à-dire vers treize ans.

Ils ont un local et un préau spécialement aménagés pour eux, ils y viennent passer une partie de l'après-midi du dimanche.

Écoles libres de la paroisse.

1º École primaire laïque de garçons, dirigée par M. Bouilly, 33, rue de l'Église-Saint-Marc.

2º École primaire de filles (Dames de Saint-Aignan), 22, rue de l'Église-Saint-Marc.

Externat, 32, rue de l'Église-Saint-Marc.

3º Salle d'asile (Dames de Saint-Aignan), 22, rue de l'Église-Saint-Marc.

Œuvre des Pèlerinages.

Le Conseil des Pèlerinages s'est formé, en 1872, dans le but de favoriser en France le mouvement des pèlerinages, soit en les organisant lui-même, soit en aidant les initiatives individuelles par des démarches auprès des compagnies de chemins de fer.

Il se met en relation avec les directeurs des sanctuaires où devront se faire les pèlerinages afin de régler les préparatifs, fait connaître les conditions des pèlerinages décidés et provoque la formation en province de comités locaux.

Ceux-ci sont chargés de la direction des pèlerinages de leur diocèse respectif.

Adresser les demandes de renseignements au siège de l'Œuvre, 8, rue François Ier, à Paris.

Il y a à Orléans un Comité qui s'occupe d'organiser les pèlerinages diocésains, sous la présidence de M. l'abbé Haulin.

Le pèlerinage national de Lourdes est dirigé par l'Association de Notre-Dame-du-Salut.

Un Comité a été formé principalement en vue des pèlerinages de pénitence à Jérusalem, et prend le nom de Comité Orléanais des Pèlerins de la Terre-Sainte.

Président du Comité : M. le docteur PILATE, 12, rue Jeanne-d'Arc.

Secrétaire : M. l'abbé BOULLET, 14, rue Sainte-Anne.

Œuvre de la Persévérance.

32, Rue des Pensées.

Cette Œuvre se propose de grouper les ouvriers chrétiens et de leur donner ainsi la force de se garantir du respect humain et de se maintenir dans l'accomplissement de leurs devoirs religieux ou de les ramener à la pratique religieuse s'ils avaient eu le malheur de l'abandonner.

Pour être admis dans l'Œuvre, il faut être âgé d'au moins 18 ans et être présenté par deux Membres ; mais on n'est définitivement admis qu'à la troisième séance.

Les Membres se réunissent tous les 15 jours à 8 heures du soir le samedi pour entendre des conférences, rue des Pensées, 32.

Une messe est dite pour les associés tous les dimanches dans la chapelle de la rue Sainte-Anne.

Les ressources consistent dans une cotisation annuelle de 10 fr. versée par les Membres honoraires et dans une quête faite à la cathédrale le troisième dimanche de carême.

Directeurs ecclésiastiques : M. l'abbé DE LA TAILLE, et M. l'abbé BOULLET, 14, rue Sainte-Anne.

Directeur : Le FRÈRE DIRECTEUR de Saint-Bonose, 218, rue Bourgogne.

Œuvre des Petites-Sœurs des Pauvres.

56, Rue Bellébat.

Cette Œuvre, fondée en France en 1840 par deux jeunes ouvrières de Saint-Malo et une pauvre servante nommée Jeanne Jugand, à été établie à Orléans en 1855. Elle a pour but de donner un asile gratuit aux vieillards indigents des deux sexes, en recueillant, chaque jour, par des quêtes à domicile, les vivres, la desserte des tables, les dons de tous genres nécessaires pour subvenir à l'entretien des pensionnaires.

Les dons en argent sont reçus, mais ils doivent être immédiatement employés, les règles de l'Ordre lui interdisant d'avoir aucun revenu.

Les vieillards valides s'occupent dans la maison, selon leurs forces ; ceux qui sont malades ou infirmes reçoivent les soins les plus assidus.

Les conditions d'admission sont d'être âgé d'au moins 60 ans et d'être privé de tout moyen d'existence.

Pour les admissions, s'adresser à Madame LA SUPÉRIEURE, 56, rue Bellébat.

Œuvre de la Pharmacie.

4, Rue de Gourville.

Les lundis, mercredis et vendredis, de 11 heures à 1 heure 1/2, les Dames de la Pharmacie distribuent gratuitement des médicaments aux pauvres qui sont pourvus d'une ordonnance du médecin de la Pharmacie, M. le docteur Verdureau, 112, rue Bannier, ou d'une ordonnance d'un médecin de l'Hospice contresignée d'une dame des pauvres de leur paroisse ou de leur curé.

Le docteur VERDUREAU donne ses consultations gratuites le vendredi à 11 heures et demie.

Présidente de l'Œuvre : Madame DE LA VILLE-BAUGÉ, boulevard Alexandre-Martin, 41.

Œuvre de la Première-Communion.

27, Venelle des Cordiers. (Saint-Marc.)

Cette Œuvre a pour but d'arracher à l'ignorance et au vice les jeunes filles qui sont arrivées à l'âge de douze ans, et au-delà, sans avoir fait leur première communion et de les préparer saintement à cette grande action. Elle reçoit les petites filles délaissées, les vagabondes, les mendiantes, les enfants renvoyées du catéchisme de la paroisse. Ces infortunées arrivent chétives, malades, à peine couvertes de haillons, ne sachant, en général, ni lire ni écrire, sans foi, sans mœurs, sans principes d'aucune sorte, croyant que le bonheur suprême consiste à manger, à s'amuser, à dormir ; la plupart d'entre elles, lorsque l'Œuvre les prend, ne se doutent pas que Dieu existe et qu'elles ont une âme; plusieurs ne sont pas baptisées.

Cette Œuvre, fondée à Paris en 1859, par le P. Olivaint, a été établie, à Orléans, par Mademoiselle Houdré, le 1er mai 1878.

L'Œuvre comprend quatre institutions.

I. *Préparation à la Première Communion.*

La préparation des premières communiantes dure six mois. Elle comprend avant tout l'instruction religieuse et la formation chrétienne; mais, pendant ce temps, les enfants apprennent aussi les premiers éléments de la lecture, de l'écriture, de l'arithmétique et du travail à l'aiguille. Quatre heures sont consacrées chaque jour à l'enseignement du catéchisme. Tous les jours, quatre jeunes filles du pensionnat de Saint-Aignan, âgées de 14 à 15 ans, se font, sous la direction d'une religieuse, les catéchistes volontaires de leurs pauvres sœurs en Jésus-Christ.

Le lendemain de la première communion, les enfants se partagent en trois catégories ; les unes restent à la maison; les autres retournent dans leur famille; les troisièmes entrent en service.

II. *Ouvroir.*

La seconde institution de l'Œuvre, c'est l'*Ouvroir*, qui reçoit les enfants incapables d'être placées, ou qui sont laissées par leurs parents sous la condition formelle qu'elles n'iront pas en service. Apprenties, elles sont soumises au règlement général de la maison et se forment à tous les travaux de couture et de lingerie. Pendant ce temps leur esprit se développe, leur santé se fortifie, leur caractère s'assouplit, leur âme se forme de plus en plus à la vie chrétienne, et, après quelques années, elles peuvent trouver des places avantageuses.

III. *Atelier.*

Cette troisième institution recueille les enfants qui, réclamées par leurs parents au lendemain de leur première communion, seraient, si l'atelier de l'Œuvre ne les recevait pas, envoyées en fabrique afin d'apporter immédiatement à la famille le secours d'une solde hebdomadaire, et courraient risque d'y perdre en quelques mois l'inappréciable bienfait de l'éducation chrétienne qu'elles ont reçue dans l'asile de leur première communion.

Aujourd'hui, de 15 à 20 jeunes filles gagnent honorablement, dans cet atelier, leur vie et celle de leur famille. Elles y arrivent chaque matin pour le travail de la journée et retournent chaque soir dans leur famille pour y prendre leur repas et y passer la nuit.

IV. *Persévérance.*

Cette quatrième branche de l'Œuvre est établie pour les Anciennes qui, après la première communion, sont restées dans leur famille ou entrées en service. Parmi elles, les unes sont libres pendant toute la journée du dimanche, les autres n'ont que quelques heures ou même quelques instants de liberté. Aux premières la maison est ouverte chaque dimanche et chaque jour de fête. Quelques-unes y viennent coucher le samedi soir et ne repartent que le lundi matin. D'autres ne peuvent arriver que le dimanche matin et doivent repartir le soir. Pendant toute la journée, les anciennes sont logées et nourries dans la maison; elles en suivent tous les exercices, elles assistent aux offices de Saint-Marc, paroisse de l'Œuvre; elles ont à l'oratoire un catéchisme spécial et peuvent s'y confesser quand elles le désirent. Plusieurs d'entre elles font partie de la Confrérie des Enfants de Marie, et ont, une fois par mois, une réunion spéciale.

Enfin, de temps en temps, elles participent toutes à une petite vente d'objets utiles dont le prix se paie avec des jetons de présence et d'assiduité, et le soir, on leur procure des distractions amusantes et variées, telles que dialogues, chansonnettes, charades ou séances de physique.

Les anciennes qui sont en service viennent aux heures de liberté qu'on leur laisse et participent aux exercices qui se font en ce moment dans la maison.

Près de deux cents jeunes filles, échelonnées de 12 à 20 ans, font partie de l'Œuvre de la Persévérance.

Ressources de l'Œuvre.

Les secours organisés pour faire face aux charges écrasantes et multiples de l'Œuvre de la Première communion se divisent en souscriptions, offrandes, demi-bourses et bourses.

Les *Souscriptions* sont de 12 fr. par an, en l'honneur des douze Apôtres, et versées par les *Associées*.

Les *Patronnesses* sont les personnes qui font l'*offrande* de 50 francs par an, représentant le prix de l'habillement d'une enfant pour sa première communion.

Les *Zélatrices* donnent les *demi-bourses*, soit 120 francs.

Enfin reçoivent le nom de *Fondatrices* les personnes qui veulent bien fournir une *bourse* entière, soit 250 francs, c'est-à-dire le prix de la pension d'une enfant pendant les six mois qu'elle passe dans la maison pour se préparer à sa première communion.

Directeur : M. l'abbé RIVET, 19, rue Saint-Euverte.

Siège de l'Œuvre : 27, venelle des Cordiers.

5.

Œuvre des Prisonnières libérées.

Fondée en 1878, cette Œuvre a pour but :

1° De parvenir au relèvement des coupables en venant moralement et matériellement à leur aide au moment de leur sortie; 2° de faire élever, en dehors des influences d'un milieu perverti, les enfants qui lui sont confiés ou ceux qui sont abandonnés par des parents incapables de les diriger vers le bien.

Présidente : Mme Henri DAUDIER, 17 *bis*, boulevard Saint-Jean.

Œuvre de la Propagation de la Foi.

Cette Œuvre, fondée à Lyon en 1822, a pour but d'aider, par des prières et des aumônes, les Missionnaires catholiques chargés de la prédication de l'Évangile dans les pays d'Outre-Mer et de secourir les églises catholiques dans les pays protestants et schismatiques d'Europe.

Pour être membre de l'Œuvre, il faut :

1° Réciter un *Pater* et un *Ave*, et y joindre l'invocation : Saint François-Xavier, priez pour nous ! On peut appliquer à cette intention, et une fois pour toutes, le *Pater* et l'*Ave* de la prière du matin ou du soir.

2° Donner, comme aumône à l'Œuvre, un sou par semaine (2 fr. 60 par an).

Pour faciliter la perception des aumônes, un souscripteur sur dix est chargé de les recueillir; il en verse le montant entre les mains d'un autre membre de l'Œuvre, qui a dix collectes semblables à recevoir, c'est-à-dire cent souscriptions.

Toute personne qui réunit dix souscriptions, y compris la sienne, soit 26 fr., a droit à un abonnement aux

Annales de la propagation de la Foi, dont elle procure la lecture aux neuf autres.

Président : M. DE CHAMPVALLINS, 4, rue de la Bretonnerie.

Trésorier : M. Edmond FOUGERON, 12, rue de la Bretonnerie.

Œuvre de la Propagation des Sœurs de la Charité.

Cette Œuvre, fondée depuis le 12 janvier 1853, à l'aide de souscriptions, a pourvu 71 établissements tenus par des Sœurs et répondant à une population de plus de 60,000 habitants.

S'adresser, soit à M. JOEL DE MEUX, Président de la Commission, 43, rue du Bœuf-Saint-Paterne, soit au Secrétariat de l'Évêché.

Œuvre de la Grande-Providence.
6, Cloître Saint-Aignan.

Cette Maison, fondée en 1816 par M. Deloynes d'Auteroche, a pour but de recevoir un certain nombre de jeunes filles pauvres, de leur donner une éducation chrétienne et de leur faire apprendre, en même temps que l'écriture, la lecture et le calcul, différents ouvrages manuels qui les mettront à même de gagner leur vie, tels que la lingerie, le repassage, la broderie.

Les jeunes filles sont reçues depuis 7 jusqu'à 10 ans, et sont élevées dans la maison jusqu'à l'âge de 21 ans.

Le prix de la pension est de 200 francs par an, ou de 650 francs une fois donnés et un trousseau.

Cette Œuvre est patronnée et soutenue par une Société de dames charitables dont la présidente est Mme DE LAUNAY DE VAUZELLES, 11, rue de la Bretonnerie.

Le soin des enfants est confié aux Sœurs de la Croix de Saint-André.

Œuvre de la Petite-Providence.

Maison de la Sainte-Enfance, 7, rue d'Escures.

Le but de l'Œuvre de la Maison de la Sainte-Enfance est d'élever chrétiennement des orphelins ou des enfants pauvres et de les placer convenablement à la sortie de la maison.

On ne les reçoit pas avant l'âge de 8 ans, et elles ne sortent qu'à 21 ans.

Elles apprennent la lingerie, la broderie, le repassage, etc.

La pension à payer varie suivant l'âge de la jeune fille et est réglée de gré à gré avec les personnes qui la protègent.

Directrice: Mademoiselle SAINTE-MARIE, 7, rue d'Escures.

Œuvre de la Sainte-Enfance.

Cette Œuvre a pour but le rachat, le baptême et l'éducation chrétienne des enfants nés de parents infidèles en Chine et dans d'autres pays.

Organisée à peu près sur le modèle de l'Œuvre de la Propagation de la foi et lui prêtant un utile concours, elle reçoit comme associés les enfants dès leur plus jeune âge, en leur demandant leurs prières et une cotisation de 5 centimes par mois. Les zélateurs ou zélatrices, outre leur cotisation personnelle, s'engagent à réunir les cotisations de onze autres personnes.

Le produit des souscriptions est centralisé au Conseil de l'Œuvre, 146, rue du Bac, à Paris, et, tous les ans, il est fait une répartition entre les divers vicariats Apostoliques pour les aider à sauver les enfants abandonnés en si grand nombre dans certaines contrées, et à soutenir les établissements destinés à recueillir ces enfants.

Trésorier : M. Edm. FOUGERON, 12, rue de la Bretonnerie.

Œuvre de Saint-François-de-Sales.

Cette Œuvre, fondée en 1857 par Mgr de Ségur, se propose de conserver et de défendre la foi en France et dans les pays catholiques. Pie IX l'appelait l'Œuvre de la Propagation de la foi à l'intérieur.

Elle concourt, dans la mesure de ses ressources, à la fondation et à l'entretien des écoles et des bibliothèques catholiques ; elle procure des missions ; elle favorise la création des Œuvres d'éducation et de persévérance chrétiennes, et donne des secours aux églises les plus pauvres.

Les associés versent 5 centimes par mois.

MM. les curés qui désirent obtenir un secours de l'Œuvre de Saint-François-de-Sales sont priés : 1o de demander au secrétariat de l'Évêché un questionnaire imprimé et de donner les renseignements qu'il réclame ; 2o d'écrire une lettre au Président de l'Œuvre à Paris, M. l'abbé GOSSIN, chanoine de Notre-Dame ; 3o d'envoyer le questionnaire et la lettre à M. le Directeur diocésain, qui les apostillera et les adressera lui-même au bureau de l'Œuvre à Paris.

Directeur diocésain : M. l'abbé LAROCHE, vicaire général.

Présidente : Mme la Baronne DE MOROGUES, 16, rue du Bœuf-Saint-Paterne.

Trésorière : Mme ARQUÉ, 35, rue d'Illiers.

Œuvre de Saint-François-Xavier.

Société de Secours mutuels.

La Société de Saint-François-Xavier se propose d'assurer à la classe ouvrière les secours qui, en cas de maladie, lui deviennent si nécessaires, tout en portant ses membres à la pratique des vertus chrétiennes.

Elle renferme deux classes d'associés : 1º les membres honoraires ou bienfaiteurs, au nombre desquels les Dames sont admises ; 2º les membres actionnaires ou participants. Ces derniers ne sont admis que de 18 à 40 ans.

Admission des membres actionnaires. — Les demandes d'admission doivent être faites publiquement à une réunion de la Société. Nul n'est admis s'il fait partie d'une autre Société de secours mutuels et s'il demeure à plus de trois kilomètres du centre de la ville. Le candidat doit fournir :

1º Un certificat d'un médecin de la Société ;

2º Un certificat de bonnes vie et mœurs ;

3º Une pièce authentique justifiant son âge.

Le sociétaire n'est d'abord admis que *provisoirement ;* sa candidature est de trois mois. Il verse chez le pharmacien-receveur de sa section 4 fr. 40 cent., payables une fois seulement, pour frais accessoires : manuel, livret, droit d'admission, etc. Il doit en outre acquitter les cotisations des deux premiers mois. Pour être admis *définitivement,* il doit représenter le livret au Président pour qu'il soumette au Conseil son admission définitive.

En cas de refus, on rend la somme versée, moins 1 fr.

Obligations des Sociétaires. — Les Sociétaires paient une cotisation de 1 fr. 50 cent. pour le mois de janvier et de 1 fr. pour les autres mois. Ils paient en outre : 1 fr. par année pour la caisse de retraite; à la mort d'un confrère, 15 centimes. Tous versent 25 centimes pour le bouquet de la fête.

Les Sociétaires qui ne remplissent pas les engagements sont passibles d'amendes prévues par les règlements.

Droits des Sociétaires. — Le Sociétaire en règle a droit :

1º A la visite d'un des médecins de la Société.

Sont chargés du service médical les docteurs Baille, 36, rue des Carmes; Chaignot, 2, Cloître Saint-Pierre-Empont; Baranger, 2 *bis,* rue du Bourdon-Blanc ; H. Martin, 3, rue Porte-Saint-Jean.

2º Aux remèdes prescrits par le médecin.

Les Pharmaciens de la Société sont : MM. Guérin, 49, rue des Carmes; Fouqueau, 107, rue Bourgogne.

3º A 1 franc par jour après les trois premiers jours de la maladie ;

4º Aux bains sur place et à domicile.

En cas de maladie prolongée, le Sociétaire reçoit : 1 franc par jour pendant six mois, 50 centimes pendant les six mois suivants et 4 francs par mois pour les deux années suivantes.

Le droit aux secours n'exclut pas la cotisation.

La Société procure les visites des médecins aux femmes, enfants, père et mère, des Sociétaires demeurant chez eux et à leur charge.

En cas de décès, il est alloué 80 francs pour frais funéraires.

Réunions. — Des réunions ont lieu à la chapelle de la rue Sainte-Anne, 14, les deuxième et quatrième dimanches du mois, à 7 heures du soir. Outre ces réunions ordinaires, il y a la réunion *annuelle* et les réunions *trimestrielles,* auxquelles tous les Sociétaires sont tenus d'assister, ainsi qu'à la *fête patronale,* qui se célèbre à la cathédrale le premier lundi de décembre.

Caisse des Retraites. — Tout Sociétaire ayant 70 ans a droit à un secours proportionnel aux ressources de la Caisse de Retraite. Pour se faire inscrire et avoir des renseignements, s'adresser, soit au Président de la Soclôté, l'abbé Grolleau, 39, rue du Pot-de-Fer, soit au visiteur de son quartier.

Visiteurs. — La ville est partagée en un certain nombre de quartiers, qui ont chacun leur visiteur.

Le Visiteur a des attributions multiples. Il prend des informations sur les candidats qui demandent à entrer dans la Société, il visite les malades, lui procure les secours de la religion, lui porte les secours pécuniaires de la Société, s'informe des phases de la maladie et veille à ce qu'il n'y ait pas d'abus ; il perçoit les cotisations des Membres honoraires, tient en règle le registre des présences aux réunions, prépare les convocations, etc., etc.

Président : M. l'abbé GROLLEAU, 39, rue du Pot-de-Fer.

Secrétaire : M. le docteur BAILLE, 36, rue des Carmes.

Trésorier : M. VERJAT, 51, rue Porte-Saint-Jean.

Le Conseil directeur de l'Œuvre se réunit le deuxième dimanche du mois, 14, rue Sainte-Anne. Il se compose du Président, du Secrétaire et des Visiteurs. Il administre la Société sous la haute surveillance d'un bureau composé d'un certain nombre de Membres honoraires.

La Société de Saint-François-Xavier a été fondée en 1844 par M. l'abbé Tabouret et autorisée par un arrêté préfectoral du 11 novembre 1861.

Œuvre de Sainte-Marthe.

A la Présentation, 22, rue de Gourville.

Cette Œuvre est une association des domestiques femmes de la ville.

Elle procure des places à celles qui se trouvent sans emploi. En attendant qu'elles en soient pourvues, elles sont logées, chauffées, surveillées jour et nuit par une

Sœur, et visitées par les Dames patronnesses, qui ont chacune un mois d'inspection à faire.

Chaque année une retraite est donnée à Saint-Pierre du Martroi aux associées de Sainte-Marthe pendant le Carême, pour leur faciliter l'accomplissement du devoir pascal.

Présidente : Mme la Comtesse D'AUTICHAMP, 3, rue Jeanne-d'Arc.

Directeur : M. l'abbé HAUTIN, à l'Évêché.

Œuvre du Bienheureux J.-B. de la Salle.

Cette Œuvre, fondée en 1874, a pour objet la création et l'entretien de petits noviciats qui préparent le recrutement des Frères des Écoles chrétiennes. Les enfants y sont admis dès l'âge de treize ans et y restent trois années.

Les ressources consistent en souscriptions ainsi classées :

1° Fondation perpétuelle d'une bourse au capital de 8,000 fr., soit une rente de 400 fr. par an ;

2° Création temporaire d'une bourse, c'est-à-dire d'une rente annuelle de 400 fr. pendant trois, six, neuf ans ;

3° Souscription annuelle de 10 à 400 fr. pendant quelques années ;

4° Souscription annuelle de 5 ou 3 fr. pendant quelques années ;

5° Enfin, un don, une aumône, si modeste soit-elle, isolée ou répétée à volonté.

L'Œuvre est administrée par un Comité central, siégeant à Paris. A Orléans, un Comité de Dames patronnesses recueille les souscriptions au moyen de carnets.

Président : M. l'abbé HAUTIN, vicaire-général.

Trésorier : le Frère Directeur de la Communauté de Saint-Bonose, 218, rue Bourgogne.

Œuvre de la Sanctification du Dimanche.

Cette Œuvre, fondée à Lyon par le comte de Cissey, se propose de faire cesser le scandale de la profanation du dimanche et d'obtenir ainsi les bénédictions de Dieu pour nous et pour la France.

Quiconque veut faire partie de l'Œuvre dominicale doit :

1o S'abstenir, les dimanches et fêtes obligatoires, de toute Œuvre servile, de tout travail défendu, employer son influence à faire observer ces saints jours ;

2o Ne permettre à ses enfants, domestiques et personnes placées sous sa dépendance, aucun travail qui ne serait pas nécessaire ; n'ouvrir ses magasins et ateliers que pour une vraie nécessité ; n'acheter que les objets qu'il n'est pas possible de se procurer un autre jour ;

3o Sanctifier le dimanche et les jours de fête obligatoires par l'assistance à la sainte Messe et aux offices de la paroisse ; veiller à ce que ses enfants, domestiques et personnes dépendant de soi, remplissent fidèlement leurs devoirs.

Ressources. — Elles consistent dans le produit des quêtes faites aux diverses réunions.

Les Associés sont groupés par dizaines et centuries et rattachés à un Comité diocésain. Chaque dizaine d'Associés a droit, moyennant une cotisation annuelle de 10 centimes par membre, à la revue mensuelle, *le Dimanche catholique.*

En 1889, près de 3,000 membres sont inscrits pour le diocèse d'Orléans.

Une Messe est dite chaque mois, dans une des églises paroissiales de la ville, en réparation de la profanation du dimanche.

Directeur diocésain : M. l'abbé FILIOL, à l'Évêché.

Présidente : Mme H. DE RANCOURT, 28, rue Neuve.
Trésorière-Secrétaire : Mlle RICHARD, 27, faubourg Saint-Vincent.

Œuvre des Vieux-Papiers,

14, Rue Sainte-Anne.

Cette Œuvre a pour but de venir en aide à l'établissement dirigé par M. l'abbé Lefranc. Elle réunit les vieux papiers, les livres de tous genres et en tout état, les cartes de visite, cartons, journaux, etc.

Tout ce qui est utilisable est employé en nature ; les livres sont examinés avec soin, et, suivant les circonstances, sont donnés ou lacérés, ainsi que les correspondances et les vieux papiers, pour être vendus au profit de l'Œuvre.

L'Œuvre met à la disposition des bibliothèques populaires et des personnes qui en font la demande les brochures saines et les bons livres dont elle peut disposer, et qu'elle vend au poids.

Président : M. ALARDET, 64, rue d'Illiers.
Secrétaire : M. PESTY, 2, place Saint-Paul.
Trésorier : M. Eud. DE LA BOULAYE, 3, rue Croix-de-Bois.

Les personnes qui auraient chez elles des vieux papiers de tous genres dont elles voudraient se débarrasser n'ont qu'à faire prévenir un des membres du Bureau ci-dessus, ou le concierge de la rue Sainte-Anne, 14.

Œuvre des Vocations ecclésiastiques.
Cléry (Loiret).

Choisir avec soin et de bonne heure de jeunes enfants, les préparer à devenir des prêtres vraiment apostoliques, remplis de l'esprit de leur saint état, tel est le but unique de l'Œuvre des Vocations, fondée en 1857 et placée sous le patronage de Notre-Dame de Cléry.

Elle se recrute parmi les enfants qui montrent d'heureuses aptitudes pour l'état ecclésiastique, mais à qui leur position de fortune interdit l'accès des séminaires.

Élevés à Cléry, ces enfants vont de là au Petit-Séminaire de La Chapelle-Saint-Mesmin, puis au Grand-Séminaire.

Un Comité de dames zélatrices facilite le développement de cette Œuvre en recueillant les souscriptions.

Ses autres ressources consistent dans un sermon de charité, des dons particuliers, une bourse de 500 francs, fournie par l'Œuvre de Sainte-Marthe, une par l'Œuvre des Mères Chrétiennes, une autre par les petits enfants de la ville, sous le nom de Bourse enfantine.

Chaque samedi, à 8 heures, une messe est dite à l'autel du Pèlerinage pour les souscripteurs et les bienfaiteurs de l'Œuvre, et chaque jour des prières sont récitées par les clercs de Notre-Dame de Cléry à cette intention.

Directeur: M. l'abbé Rivet, 19, rue Saint-Euverte.

Pension de la Présentation.

Les Sœurs de la Présentation, qui dirigent l'Œuvre de Sainte-Marthe et la Société des Demoiselles du commerce, tiennent encore à Orléans une maison de retraite où les dames seules sont admises moyennant une pension. Cette pension se traite de gré à gré avec Madame la Supérieure.

Les dames reçoivent les soins des religieuses et ceux des orphelines qui sont élevées dans la maison.

Une chapelle à l'intérieur de la Communauté, où l'on célèbre chaque jour la sainte messe, permet aux dames âgées ou infirmes de remplir plus facilement encore tous leurs devoirs religieux.

Pension de la Solitude.

Les Dames Augustines de l'Hôtel-Dieu tiennent à leur campagne de La Chapelle-Saint-Mesmin, dite La Solitude, une pension pour les personnes âgées ou infirmes. Les dames seules y sont admises.

Elles sont logées en dortoirs ou en chambres.

Dans les dortoirs, le prix de la pension est de 500 fr., blanchissage non compris.

Dans les chambres particulières, le prix de la pension est de 600 ou 700 fr. et les dépenses d'éclairage, de chauffage et de blanchissage restent à la charge de la pensionnaire.

Adresser les demandes à Mme la Supérieure de La Solitude à La Chapelle-Saint-Mesmin.

Protection des Enfants du premier âge.

Une loi du 23 décembre 1874 a pour but de protéger la vie et la santé de l'enfant âgé de moins de deux ans, placé, moyennant salaire, hors du domicile de ses parents, en nourrice, en sevrage ou en garde.

Cette surveillance est confiée au Préfet, assisté d'un Comité de neuf membres choisis parmi les personnes qui offrent le plus de garanties au point de vue de l'hygiène de l'enfance.

Un médecin-inspecteur, M. le docteur Beaurieux, 7, rue de Gourville, est chargé de surveiller les personnes ayant un ou plusieurs nourrissons, ainsi que les bureaux de placement et autres intermédiaires. (Ces bureaux et intermédiaires doivent être autorisés.)

Le refus de recevoir le délégué pour cette inspection est puni d'une amende.

Formalités à remplir.

En exécution de la loi du 23 décembre 1874, toute personne qui place un enfant en nourrice, en sevrage ou en garde doit en faire la déclaration à la Mairie de la commune où a été déclarée la naissance de l'enfant ou à la Mairie de la résidence du déclarant, en indiquant, dans ce cas, le lieu de la naissance de l'enfant, et remettre à la nourrice ou à la gardeuse un bulletin contenant un extrait de l'acte de naissance de l'enfant qui lui est confié.

Toute personne qui veut se procurer un nourrisson ou un ou plusieurs enfants en sevrage ou en garde est tenue de se munir des certificats exigés par les règlements pour indiquer son état civil et justifier de son aptitude à nourrir ou à recevoir des enfants en sevrage ou en garde.

Toute personne qui a reçu chez elle, moyennant salaire, un nourrisson ou un enfant en sevrage ou en garde est tenue :

1º D'en faire la déclaration à la Mairie de la commune de son domicile, dans les trois jours de l'arrivée de l'enfant, et de remettre le bulletin contenant l'extrait de l'acte de naissance de l'enfant ;

2º De faire, en cas de changement de résidence, la même déclaration à la Mairie de sa nouvelle résidence ;

3º De déclarer, dans le même délai, le retrait de l'enfant par ses parents ou la remise de cet enfant à une autre personne, pour quelque cause que cette remise ait lieu ;

4º En cas de décès de l'enfant, de déclarer ce décès dans les vingt-quatre heures.

Toute déclaration reconnue fausse est punie.

Si, par suite d'une contravention ou d'une négligence de la part d'une nourrice ou d'une gardeuse, il est résulté un dommage pour la santé de l'enfant, un emprisonnement de un à cinq jours peut être infligé.

En cas de décès de l'enfant, l'application des peines portées à l'art. 319 du Code pénal peut être prononcé.

Il est délivré gratuitement aux nourrices, soit dans les Mairies du lieu de leur résidence, soit dans celles où elles vont chercher un enfant, un carnet disposé pour recevoir :

1º L'acte de naissance de l'enfant, la date et le lieu de son baptême, les nom, profession et demeure des parents ou ayants droits à défaut de parents connus, la date et le lieu où a été faite la déclaration à laquelle est tenue toute personne plaçant un enfant en nourrice;

2º La composition de la layette remise à la nourrice;

3º Les dates des paiements des salaires;

4º Le certificat de vaccine;

5º Les dates des visites du médecin-inspecteur et des membres de la Commission locale avec leurs observations;

6º Les déclarations auxquelles sont astreintes les personnes recevant, chez elles, moyennant salaire, un nourrisson ou un enfant en sevrage ou en garde.

Secrétariat du peuple.

Le Secrétariat du Peuple est une institution qui a pour but de venir en aide aux familles ouvrières dans les nécessités les plus diverses de leur vie matérielle, morale et intellectuelle. Elle est dirigée par des membres de la classe aisée et des ouvriers appelés délégués de quartier.

Cette Œuvre a un double but, but moral et but pratique.

Le but *moral* est :

1º D'améliorer la classe aisée en utilisant ou provoquant le dévoûment de ses membres au profit de la classe ouvrière ;

2º D'améliorer la classe populaire moyenne en fournissant à ses membres l'occasion de se sacrifier dans une certaine mesure, et concurremment avec les membres de la classe aisée, au profit de la classe ouvrière ;

3º D'améliorer enfin la classe ouvrière en lui témoignant de l'affection, de la confiance, en lui rendant des services désintéressés.

Le but *pratique* est de subvenir aux besoins divers des ouvriers bons et mauvais sans distinction, à la seule condition que ces ouvriers soient présentés par les délégués choisis à cet effet dans chaque quartier de la ville.

En résumé le Secrétariat du Peuple se propose de recruter tous les dévouements épars pour les organiser et les utiliser en temps opportun, au profit de quiconque en aura besoin, de faire connaître et servir toutes les ressources existant à Orléans de nature à profiter aux humbles, aux faibles, aux malheureux.

Exemples : Un ouvrier a besoin d'un conseil, désire un avis ; il veut faire entrer son vieux père à l'hospice, aux

Petites-Sœurs des pauvres; il a une blessure à faire panser, un panaris à soigner; il a charge d'orphelins qu'il voudrait placer dans un bon établissement; sa femme veut prendre un nourrisson, un enfant en garde ou en sevrage; il a une lettre à écrire, une pétition à rédiger, une difficulté juridique à résoudre, une contestation avec son propriétaire, une réclamation à faire contre sa cote d'impôts, un petit héritage à recueillir; il veut faire partie d'une société de secours mutuels, d'un patronage, du Cercle catholique d'ouvriers, il a des démarches à faire pour régulariser un mariage, il a un enfant atteint d'infirmités, sourd-muet, il désire se procurer de bons livres pour passer agréablement son dimanche, il veut demander les secours de la Conférence de Saint-Vincent de Paul, etc., etc. Dans ces diverses circonstances, l'ouvrier est souvent bien embarrassé. Le Secrétariat du peuple est organisé pour le tirer d'affaire, sans qu'il lui en coûte autre chose qu'une démarche près du délégué de son quartier.

Toutefois, le Secrétariat du peuple s'interdit expressément le prêt d'argent et l'engagement de rechercher de l'ouvrage pour les ouvriers sans travail. Il ne peut que désigner, s'il en connaît, les maisons ou chantiers où des demandes d'emploi pourraient être accueillies.

Organisation et fonctionnement du Secrétariat du Peuple.

Chaque paroisse de la ville est par les soins de MM. les Curés divisée en un certain nombre de sections, selon son importance; chaque section est dotée d'un Conseil de quartier.

Un membre de la classe aisée, qui est chargé de la présidence, un ou deux patrons et quelques ouvriers choisis dans chaque rue du quartier, forment ce conseil et portent le nom de délégués. Ces délégués se tiennent à la disposition de leurs voisins et camarades sans distinction de religion ou d'idées politiques.

6

Présenté par l'un deux, tout homme besoigneux ou embarrassé est le bienvenu dans la demeure du président de quartier. Celui-ci entend la demande de son visiteur. S'il peut lui-même résoudre la difficulté qui lui est soumise, il donne immédiatement satisfaction à l'ouvrier ; sinon, il prend note de la demande, et soit personnellement, soit par écrit, il fait les démarches de nature à amener la solution désirée par l'ouvrier, et s'empresse, dès qu'il y a lieu, de l'informer du succès de son intervention.

Si l'ouvrier n'a besoin que d'un simple renseignement, il va au *Bureau du Secrétariat du Peuple*, 14, rue Sainte-Anne, où un employé spécial est à sa disposition, à certaines heures du jour, pour répondre à sa demande. C'est aussi au Secrétariat du Peuple que le délégué de ce quartier peut aller chercher les renseignements nécessaires pour venir en aide à celui qui vient le consulter.

La liste de tous les délégués de quartier de chaque paroisse, avec leur adresse, est déposée au bureau du Secrétariat.

Président du Secrétariat du Peuple : M. DUMUYS, 61, rue de la Lionne.

Bureau du Secrétariat du peuple.

Un bureau permanent de renseignements, auquel on accède 14, rue Sainte-Anne et 1, rue des Récollets, est desservi par un employé qui se tient chaque jour de onze heures à deux heures à la disposition du public.

Toute personne, même étrangère à la ville, amenée par un ouvrier appartenant à l'une des associations chrétiennes d'Orléans, a le droit d'y obtenir, dans la limite du possible, tous les renseignements qui pourraient lui être utiles.

Ces renseignements portent sur les Œuvres existant

à Orléans et sur les ressources qu'on peut trouver dans la ville, voire même dans la France entière, pour faire face à une nécessité présente.

Ainsi ce bureau peut renseigner sur l'existence des orphelinats, hôpitaux, institutions de sourds-muets, bureaux de placement, Œuvres de bienfaisance, de charité, de pansements, sociétés de secours mutuels, etc., etc.

Il tient à la disposition du public la liste complète des délégués de quartier nommés par le Secrétariat du Peuple dans les diverses paroisses de la ville, et renseigne les délégués sur les ressources existantes qu'ils pourront utiliser, dans tel ou tel cas spécial, par eux-mêmes au profit de leurs protégés.

C'est au Bureau du Secrétariat du Peuple que l'on pourra consulter le *Manuel des Œuvres Orléanaises*, et se renseigner sur la marche à suivre, sur les moyens pratiques à employer pour atteindre un but déterminé.

La *Chronique Orléanaise*, paraissant tous les lundis et jeudis, est l'organe du Secrétariat du Peuple.

Société de Charité maternelle ou Maternité.

Le but de l'Œuvre est de procurer aux femmes pauvres la possibilité de rester chez elles pendant leurs couches et de leur donner les moyens d'élever elles-mêmes leurs enfants nouveau-nés.

Les femmes sont secourues à partir de leur troisième enfant et lorsqu'elles sont dans des conditions d'indigence déterminées par le Conseil de l'Œuvre.

Une Dame, désignée pour chaque paroisse, visite la mère de famille et lui remet un secours variant de 15 à 50 fr., suivant le nombre de ses enfants. Elle lui délivre, en outre, un trousseau de layette complet, et, plus tard,

sur le certificat de vaccine, un petit trousseau pour mettre l'enfant en robe.

Les ressources consistent en une quête à domicile dans toute la ville, dans les offrandes des Dames agrégées, dans une allocation du Conseil général, de la ville et de l'État.

Présidente : Mme la baronne de Saint-Trivier, 41, rue de la Bretonnerie.

Secrétaire : M. ***.

Trésorier : M. Regnault, 7, place de la République.

Dames de paroisses :

Sainte-Croix : Mlle Fabre, 10, rue Saint-Étienne. — Saint-Paul : Mme Chiquand, 30, Vieux-Marché. — Saint-Paterne et les Aydes : Mme Gaston des Francs, 7, rue du Pot-de-Fer. — Saint-Aignan : Mme Couret, 6, rue du Dévidet. — Saint-Donatien : Mme Thillier, 16, rue Royale. — Recouvrance : Mme Martenot, 4, quai Cypierre. — Saint-Pierre-le-Puellier : Mme A. de Champvallins, 4, rue de la Bretonnerie. — Saint-Marceau : Mme Martenot, 32, route d'Olivet. — Saint-Laurent : Mme Machard-Grammont, 2, quai Saint-Laurent. — Saint-Vincent : Mme Pelletier, 38, rue du Bourdon-Blanc. — Saint-Marc : Mme Tranchau, 2, place Sainte-Croix.

Société française de Secours aux blessés militaires. Comité du Loiret.

39, Rue de la Lionne.

Le Comité a pour but, en temps de paix, de venir en aide aux blessés, aux veuves des soldats morts sous les drapeaux, aux ascendants que la guerre a privés de leur soutien; en temps de guerre, de concourir, par tous les moyens en son pouvoir, au soulagement des blessés et des malades, sur les champs de bataille, dans les ambulances et dans les hôpitaux.

Il se compose de membres souscripteurs en nombre illimité.

Délégué départemental : M. PAULMIER, 1 *bis*, rue Saint-Euverte.

Le Comité est administré par un Conseil de quinze membres.

Président du Conseil : M. DELORME, 39, rue de la Lionne.

Trésorier : M. Paul CHAROY, 33, rue de Limare.

Présidente du Comité des Dames : Mᵐᵉ la générale HACA, 8, rue d'Escures.

En cas d'accidents, des brancards sont mis à la disposition du public aux adresses suivantes, qui sont indiquées par une plaque portant la croix rouge :

Hôtel-de-Ville (Sapeurs-Pompiers), 2 brancards; — poste de police, 1; — lycée, 1; — Grand-Séminaire, 1; — École professionnelle, 1; — Frères de Saint-Euverte, 1; — École normale, 1; — Sourds-Muets, 1; — Inspection des chemins de fer de l'État, 1; — instituteur des Aydes, 4; — et chez MM. Delorme, 39, rue de la Lionne; — docteur Patay, 13, rue des Grands-Ciseaux; — Perrault, 4, quai Cypierre; — Proust et Bertrand, 40, rue Porte-Madeleine; — Gilbert et Perrault, 22, faubourg Bannier; — de Monvel et Goy, 9, rue Basse-d'Ingré; — Gourdin et Gravier, 19, boulevard Alexandre Martin; — Rabourdin-Moricet, 2, quai du Fort-Alleaume; — Dauvesse, 18, rue Dauphine; — Société de gymnastique, ancienne Halle Saint-Louis (galerie Ouest).

6.

Société générale de Secours mutuels et de Retraites d'Orléans.

Hôtel de la Mairie.

Cette Société, fondée par le Conseil municipal d'Orléans le 17 janvier 1851, a pour devise : *Dieu et nos frères*, c'est-à-dire : religion, probité, dévoûment.

Elle a pour but d'améliorer le sort des classes ouvrières.

Elle offre à ses Sociétaires les avantages suivants :

1o S'ils sont malades ou blessés, elle leur assure des secours pécuniaires destinés à leur venir en aide pendant le temps que dure pour eux la maladie ou la blessure.

2o Dans le même cas, elle leur procure gratuitement les visites des médecins et les médicaments nécessaires (aux Sociétaires seulement, mais non à leurs femmes et enfants).

3o Elle subvient aux frais d'inhumation et donne une indemnité aux familles des Sociétaires décédés.

4o Sur les fonds restant disponibles après l'acquittement des dépenses ci-dessus et le prélèvement du fonds de réserve, elle verse à la Caisse des Retraites pour la vieillesse et au fonds de retraite des sommes destinées à leur procurer des rentes viagères.

5o Elle peut servir d'intermédiaire pour les dépôts individuels des Associés.

Composition de la Société. — La Société comprend :

1o Des membres honoraires qui, sans prendre part aux avantages de la Société, versent une somme annuelle dont ils déterminent la durée et le montant;

2o Les membres participants ou Sociétaires qui, se soumettant aux charges de la Société, profitent seuls du fonds social.

Les femmes ne peuvent être que membres honoraires.

Conditions d'admission. — Pour devenir Sociétaire, le candidat doit :

1o Être âgé de dix-huit ans au moins et de quarante au plus ;

2o Être domicilié dans la commune d'Orléans depuis au moins six mois (les militaires revenant de l'armée sont considérés comme n'ayant pas cessé d'habiter Orléans) ;

3o Produire un extrait de naissance ou toute autre pièce attestant son âge ;

4o Être présenté par deux membres de la Société qui certifient sa moralité ;

5o Fournir un certificat signé par le médecin de la Société de la région dans laquelle demeure le candidat, attestant qu'il n'est atteint d'aucune maladie chronique ni infirmité incurable ;

6o Faire un noviciat de trois mois pendant lequel il n'a droit à aucun secours ;

7o Verser, en signant la demande d'admission, 1 fr. 25 pour le prix du livret de la Société, du diplôme et du livret de la Caisse de Retraites que reçoit le candidat, aussitôt son admission prononcée, et 1 fr. pour le premier mois de cotisation.

Ces sommes sont rendues si l'admission est refusée.

Obligations des Sociétaires. — La cotisation à payer est de 1 fr. par mois ; en outre, on verse 15 centimes à chaque décès survenu dans la Société.

Les Sociétaires sont en outre tenus d'observer ponctuellement les statuts et règlements ; — d'accepter et de gérer avec soin les fonctions qui peuvent leur être confiées ; — d'assister aux cérémonies funèbres pour lesquelles ils sont désignés ; — d'acquitter régulièrement les amendes qu'ils auraient encourues ; — enfin d'avoir, en toute occasion, une conduite décente et honorable.

Droits des Sociétaires. — Tout Sociétaire reçoit, en cas de maladie ou de blessure :

1º Les visites d'un des médecins de la Société;

2º Les médicaments ordonnés par ce médecin;

3º Une indemnité de 1 fr. par jour, excepté pour les deux premiers jours, pendant les six premiers mois que durera la maladie ou la blessure; elle ne sera plus que de 50 centimes pendant les six mois qui suivent.

4º Il a droit à une part proportionnelle dans tous les versements qui seront effectués, au nom de chacun des Sociétaires, à la Caisse des Retraites pour la vieillesse, pour leur procurer une pension viagère.

5º Lors de son décès, il est inhumé aux frais de la Société. Une députation de cinquante membres assiste à son convoi et au service religieux célébré pour lui.

6º Une indemnité de 50 fr. est allouée à sa famille légitime dans l'ordre suivant : sa veuve, ses enfants et petits-enfants, son père ou sa mère.

Si, au bout de l'année pendant laquelle il a reçu les secours ci-dessus, la maladie continue, le Sociétaire est déclaré incurable. Pendant deux ans, il reçoit alors 3 fr. par mois, et est dispensé des cotisations mensuelles.

S'il a été Sociétaire pendant dix ans, la pension de 3 fr. par mois lui est continuée indéfiniment. Sinon, il ne reçoit qu'un secours temporaire déterminé par le Conseil d'Administration.

Les maladies ou blessures provenant de duel, tentative de suicide, débauches, rixe, ne donnent aucun droit aux secours de la Société.

Si le Sociétaire tombe malade en dehors de la commune d'Orléans, il doit faire constater son état par un médecin dont la signature sera légalisée par le Maire de la commune étrangère où il se trouve. S'il est en règle de ses cotisations, il reçoit une indemnité de 1 fr. 50 par jour pendant les six premiers mois de la maladie et de 75 centimes pendant les six mois suivants.

Conditions d'admission aux secours. — Lorsqu'un Sociétaire est blessé ou tombe malade, il doit, sans retard, faire avertir le Président du quartier, en lui envoyant son livret pour que la maladie soit constatée dès son principe : celui-ci délègue le médecin et fait délivrer au malade un bulletin de visite. (Voir les statuts.)

La ville est divisée en dix-huit quartiers, qui ont chacun un Conseil de quartier nommant son Président et son Secrétaire. Chaque quartier se compose de tous les Sociétaires qui y ont leur domicile. Le Conseil de quartier désigne pour le service des malades, parmi les Sociétaires, deux visiteurs, dont les services durent un mois et ne peuvent se refuser. Les visiteurs rendent compte de l'état des malades de leur quartier, qu'ils doivent voir au moins deux fois par semaine.

La Société est administrée, sous la présidence d'honneur du Maire d'Orléans, par un Conseil d'Administration composé de vingt et un membres, nommés, sept par le Conseil municipal, sept par les Sociétaires, sept par les membres honoraires.

Président : M. BAGUENAULT DE PUCHESSE, 136, rue Bannier.

Vice-Présidents : MM. CHEVALLIER, 13, rue Jeanne-d'Arc, 13, et BEAUCHAMP, 17, place du Châtelet.

Secrétaire : M. Edmond FOUGERON, 12, rue de la Bretonnerie.

Trésorier : M. LEFÉVRE, 17, rue Saint-Éloi.

Les médecins de la Société sont : MM. Leblond, 11, place de la République; — Damond, 1, rue Dauphine ; — H. Martin, 3, rue Porte-Saint-Jean; — Fauchon, 6, faubourg Bannier.

(Voir, pour le surplus, les statuts de la Société.)

Société de Patronage pour les condamnés libérés.

Cette Société, fondée en 1807 par la Commission de surveillance des prisons d'Orléans, a pour but d'encourager les détenus à se bien conduire dans la prison, par l'espoir d'une protection qui leur sera avantageuse à leur sortie, de patronner les libérés dont la bonne conduite offrira des garanties d'amendement, de chercher à leur procurer du travail, quand leur temps est expiré, de les recommander à ceux qui les emploieront, d'exercer à leur égard une surveillance bienveillante, de les secourir en cas de besoin et enfin d'arriver à leur réhabilitation.

Président : M. le PREMIER PRÉSIDENT de la Cour d'Appel.

Trésorier : M. l'abbé DE LA VILLARMOIS, 21, rue Saint-Éloi.

Société de Saint-Joseph.

10, Cloître de la Cathédrale.

La Société de Saint-Joseph a pour but la moralisation et la préservation de la jeunesse.

Elle a été fondée en 1841 par la Conférence de Saint-Vincent-de-Paul, sur l'initiative de M. Ludovic des Francs. La Conférence patronne l'Œuvre et la dirige au moyen d'un Conseil supérieur, choisi parmi ses membres.

Les jeunes gens âgés d'au moins 14 ans peuvent en faire partie, jusqu'à leur mariage. Mariés, ils continuent leur Association sous le nom de Membres honoraires et sont convoqués à une réunion mensuelle.

Pour faire partie de l'Œuvre, il faut être accepté à titre provisoire par le Conseil intérieur, dit Conseil des Jeunes gens. Après un stage de trois mois, le même Conseil propose l'admission du nouveau membre au titre de Sociétaire s'il a déjà 17 ans, et de candidat, s'il est d'un âge inférieur; le Conseil supérieur ratifie ces nominations s'il y a lieu. Il faut ensuite un minimum d'un an d'assiduité au candidat pour être élu Sociétaire.

L'Œuvre est composée en majeure partie d'employés de magasin, de bureau, de banque, de clercs de notaire, etc. Quelques ouvriers en font également partie, tels que peintres, serruriers, plâtriers.

L'Œuvre est ouverte aux Sociétaires tous les dimanches et jours de fête, ainsi que tous les soirs, de huit heures à dix heures.

De temps en temps ont lieu des représentations théâtrales données par les Sociétaires, et, pendant la belle saison, les réunions des fêtes et dimanches se tiennent à la maison de campagne.

Le Directeur peut indiquer aux jeunes gens étrangers à la ville des logements convenables.

Fondateur : M. DES FRANCS, 21, rue Notre-Dame-de-Recouvrance.

Président : Vicomte DE MOROGUES, 30, rue de la Bretonnerie.

Directeurs ecclésiastiques : M. l'abbé MESURÉ et M. l'abbé FILIOL, 10, cloître de la Cathédrale.

Président des jeunes gens : M. CHATELAIN, 9, rue d'Angleterre.

Chaque année, l'Œuvre fait un pèlerinage à Cléry, le dimanche qui suit la fête de Notre-Dame du Carmel, et une retraite spéciale de trois jours, au Séminaire de La Chapelle, est suivie par quelques membres de l'Œuvre.

Société de Saint-Vincent-de-Paul.

10, Cloître de la Cathédrale.

La Société de Saint-Vincent-de-Paul a été fondée en 1833, par Frédéric Ozanam et quelques jeunes gens chrétiens, qui, pour sauver l'intégrité de leur foi et la pureté de leurs mœurs, se réunirent dans la pratique de la charité envers les pauvres. Elle a à la fois pour but la sanctification de ses membres et le soulagement des misères temporelles et spirituelles des malheureux.

Aucune Œuvre ne lui est étrangère, mais son œuvre principale est la visite des pauvres à domicile. Chacun de ses membres adopte un certain nombre de familles indigentes et va régulièrement chaque semaine leur porter des secours en pain, viande, chauffage, etc. Il veille à ce que les enfants aillent au catéchisme et à l'école, cherche à placer les apprentis, à procurer du travail aux ouvriers et à les faire profiter de toutes les ressources que la charité met à sa disposition.

La Société a été établie à Orléans en 1840.

Elle dépend du Comité général de Paris et est administrée par un Conseil particulier ainsi composé :

Président : M. DE BOISJOLLY.

Vice-Président : M. ***.

Trésorier : M. Irénée DE LA TAILLE, 18, rue du Pot-de-Fer.

Secrétaire : M. Edmond FOUGERON, 12, rue de la Bretonnerie.

Vice-Secrétaire : M. Marc DE VIVÈS, 4 *bis*, rue des Fauchets.

Font en outre partie du Conseil particulier les présidents et vice-présidents des Conférences de la Ville.

La Société d'Orléans se subdivise en six réunions ou conférences.

I. *Conférence de Sainte-Croix.* — Elle comprend les paroisses de Sainte-Croix, de Saint-Aignan, de Saint-Marc, de Saint-Vincent, de Saint-Pierre-le-Puellier.

Président: M. ***.

Vice-Présidents: MM. REGNAULT, 7, place de la République, et GENTY, 16, rue des Bons-Enfants.

Trésorier: M. DESFRAY, 86, rue Royale.

Secrétaire : M. BOUGET, 4, rue Saint-Pierre-Lentin.

La Conférence se réunit tous les jeudis, à 8 heures du soir, 10, cloître de la Cathédrale.

II. *Conférence de Saint-Paterne.* — Elle comprend les paroisses de Saint-Paterne, Saint-Donatien et Saint-Marceau.

Président: M. Adh. DES FRANCS, rue du Colombier, 74.

Vice-Président: M. GILBERT, 22, faubourg Bannier.

Trésorier : M. VERJAT, 51, rue Porte-Saint-Jean.

Secrétaire: M. FOUGERON, 12, rue de la Bretonnerie.

Elle se réunit tous les mardis, à 8 heures du soir, au vicariat de Saint-Paterne, 128, rue Bannier.

III. *Conférence de Saint-Paul.* — Elle comprend les paroisses de Saint-Paul et de Notre-Dame-de-Recouvrance.

Président: M. COUTANT, 49, rue Porte-Saint-Jean.

Vice-Président: M. FOUQUETEAU, 51, rue la Bretonnerie.

Trésorier: M. Ch. GERMON, 10, rue de Recouvrance.

Secrétaire : M. DESFORGES, 3, rue de Limare.

Elle tient ses réunions le vendredi, à 8 heures du soir, rue du cloître Saint-Paul, près le presbytère.

IV. *Conférence de Saint-Pierre.* — Cette Conférence, qui s'étend un peu sur toutes les paroisses, visite particulièrement la paroisse de Saint-Pierre-le-Puellier, d'où son nom.

Président: M. ***.

Vice-Président: M. ***.

Secrétaire: M. DE CAPPE, 7, rue des Quatre-Degrés.

Trésorier : M. le comte DE MECKENHEIM, 17, rue des Huguenots.

7

Réunion tous les vendredis, à 8 heures du soir, 10, cloître de la cathédrale.

V. *Conférence de Saint-Laurent.* — Cette conférence ne visite que les pauvres de la paroisse.

Président : M. DESHAYES, 9, boulevard des Princes.

Secrétaire : M. RENARD, 2, faubourg Madeleine.

Trésorier : M. POPOT, 5, rue Drufin.

Réunion tous les vendredis, à 8 heures du soir, à l'Établissement des Sourds-Muets, 1, place Saint-Laurent.

VI. *Conférence de Saint-Joseph.* — Cette Conférence se recrute parmi les jeunes gens de Saint-Joseph et ne visite que des vieillards.

Elle se réunit tous les lundis soir, à huit heures, 10, cloître de la Cathédrale.

Président : M. DAVENNE, 80, rue Bourgogne.

VII. *Conférence des élèves du Petit-Séminaire de Sainte-Croix.* — Elle se réunit les mardis à 4 heures 1/2 et visite quelques familles de la paroisse de Saint-Paterne.

Les Conférences d'Orléans ont chacune des réunions hebdomadaires, où se traitent toutes les questions qui intéressent les familles secourues; on y distribue aux membres de la Société, sous forme de bons, les secours qu'ils doivent porter aux familles et l'on y fait une quête, principale ressource de la Caisse.

La Société, pour subvenir à ses dépenses, a, outre les quêtes hebdomadaires, recours à des sermons de charité, à des loteries, à des cotisations versées annuellement par des Membres honoraires qui ne peuvent remplir dans l'Œuvre des fonctions actives.

La Société de Saint-Vincent-de-Paul a quatre grandes fêtes annuelles: le premier dimanche de carême, le dimanche du Bon-Pasteur, le 19 juillet, jour de la fête de saint Vincent de Paul, et le jour de la fête de l'Immaculée-Conception.

Directeur ecclésiastique de la Société de Saint-Vincent-de-Paul : M. l'abbé DESNOYERS, 22, rue Saint-Étienne.

Conférence des anciens élèves du Petit-Séminaire de Sainte-Croix. — Cette Conférence visite quinze ou dix-huit familles de la paroisse de Saint-Marceau. Elle se compose d'environ quarante Membres et se réunit le vendredi soir, pendant les mois d'octobre à juin.

Le bureau est renouvelé tous les ans.

Syndicat des Agriculteurs du Loiret.

3, Marché Porte-Renard.

Cette association, fondée conformément à la loi du 21 mars 1884, a exclusivement pour objet l'étude et la défense des intérêts agricoles, et pour but plus spécial :

1o D'examiner et de présenter toutes réformes et toutes mesures économiques dont les circonstances démontrent la nécessité ; de les soutenir auprès des pouvoirs publics ; de revendiquer notamment le dégrèvement des charges qui pèsent sur la propriété foncière ;

2o D'établir un bureau de renseignements et de consultation afin de permettre aux Sociétaires d'obtenir gratuitement des avis sur tous les différends et toutes les questions qui peuvent les intéresser ;

3o De servir d'intermédiaire pour l'achat en commun des matières premières utiles à l'agriculture (engrais, semences, et matériel agricole), et de les obtenir ainsi à meilleur marché ;

4o De faciliter l'écoulement des produits agricoles aux meilleures conditions.

Composition du Syndicat. — Le Syndicat se compose : 1o de Membres *fondateurs* payant une cotisation annuelle de 10 francs, ou une somme de 100 francs une fois donnée ; 2o de membres *associés*, dont la cotisation est de 2 francs par an.

Tous ces Membres prennent part, au même titre, aux avantages de l'Association.

Conditions d'admission. — Pour faire partie du Syndicat, il faut :

1º Appartenir à la profession agricole ou à une profession connexe à l'agriculture (cultivateurs, vignerons, horticulteurs, propriétaires exploitants, sylviculteurs, ouvriers agricoles, etc.);

2º Ne pas être notoirement affilié à quelque société hostile aux bases de tout ordre social, religion, famille, propriété;

3º N'avoir pas été condamné à une peine afflictive ou infamante, ne pas être d'une inconduite notoire ou d'une solvabilité douteuse;

4º Être présenté par deux Membres, dont un administrateur de canton, et admis par le Conseil d'Administration.

Il n'est statué sur l'admission d'un Membre que dans la séance qui suit la présentation.

Tout Associé n'est engagé que pour une année, mais il doit, pour se retirer, adresser sa démission par écrit au président et rendre sa carte nominative.

Avantages. — Tous les Membres de l'Association ont droit :

1º A s'adresser au Syndicat pour leurs achats, et, s'il y a lieu, pour la vente de leurs produits agricoles ;

2º A réclamer l'intervention des Commissions dans toutes les questions de leur compétence ;

3º A faire analyser gratuitement les engrais achetés par le Syndicat, sous la condition de se conformer aux conditions des cahiers des charges pour les prises d'échantillon;

4º A recevoir gratuitement le bulletin du Syndicat, ainsi qu'une carte nominative et personnelle, attestant leur qualité d'Associé vis-à-vis des fournisseurs dépositaires de l'Association.

Ces cartes ne peuvent servir qu'aux Syndiqués et aux membres de leur famille habitant avec eux; elles ne doivent jamais être prêtées à des personnes étrangères.

Administration. — Le Syndicat est administré par un Conseil d'administration, composé, autant que possible, de deux membres par canton. Il nomme son bureau, qui comprend un président, deux vice-présidents, un secrétaire général, deux secrétaires et un trésorier.

Les Administrateurs sont nommés pour six ans sur une liste en nombre double présentée par les membres fondateurs. Ils se réunissent le second samedi de chaque mois. Tous les Sociétaires peuvent assister à ces réunions, mais avec voix consultative.

Le Syndicat se subdivise en sections cantonales, qui comprennent un canton, et sont représentées par un bureau dans lequel entre au moins un délégué pour chaque commune du canton.

Le Conseil d'administration, pour s'assurer le bon fonctionnement de ses nombreuses opérations, se divise en plusieurs commissions :

1o Commission des achats. — Engrais, semences, charbon, nourriture du bétail, instruments, produits divers ;

2o Commission des ventes et échanges de produits agricoles, offres et demandes d'emploi, questions techniques ;

3o Commission des études sociales et économiques : — législation, consultation, arbitrage et assurances ;

4o Commission du recrutement, organisation et fonctionnement des sections cantonales ;

5o Commission de rédaction du Bulletin.

Ressources du Syndicat. — Les ressources annuelles du Syndicat se composent du montant des cotisations, des subventions, de l'intérêt des dons, legs et rachats de cotisations, ainsi que des prélèvements qui pourraient être stipulés dans les cahiers des charges de fournitures.

7.

Il est prélevé, sur ces ressources, les sommes nécessaires pour couvrir les frais d'analyses, de correspon-
dance, de publicité et les autres dépenses faites dans
l'intérêt de la Société.

Le Syndicat fait célébrer tous les ans une Messe pour
les Membres défunts.

Président : M. PINÇON, 10, cloître Saint-Aignan.

Vice-Présidents : MM. E. DE LAAGE DE MEUX, château
de Maison-Fort, par Olivet, et NOUEL-LECOMTE, 7, rue
Parisis.

Secrétaire général : M. Henri DENIZET, 2, place Sainte-
Croix.

Secrétaires : MM. Maurice DES FRANCS, 104, rue Bannier ; Bon DE FUMICHON, 9, rue des Anglaises.

Trésorier : M. CHAMBON-DUPRÉ, 9, rue Saint-Martin-
du-Mail.

Agent du Syndicat : M. Louis JOLLY, qui se tient à la
disposition du public, 3, Marché Porte-Renard, tous les
jours de 8 heures 1/2 à 4 heures, excepté les dimanches
et fêtes.

Dépôt du Syndicat : 12, rue de la Paix, près la place
Bannier.

Préposé au Dépôt : M. RAYMOND.

Tiers-Ordre de Saint-Dominique.

Il a été institué par saint Dominique peu d'années avant
sa mort, arrivée en 1221.

C'est la troisième branche de l'Ordre fondé par saint
Dominique. Le premier Ordre est celui des Frères prê-
cheurs ; le deuxième, celui des Sœurs prêcheresses ou
Dominicaines cloîtrées, menant la vie contemplative ; le
troisième se divise lui-même en *Tiers-Ordre régulier* et
Tiers-Ordre séculier.

La règle du Tiers-Ordre séculier est encore celle qui lui fut donnée de vive voix, il y a six siècles et demi, par son saint fondateur.

Directeur : M. l'abbé LEROY, aumônier de la Communauté des Sœurs de Saint-Aignan.

Tiers-Ordre de Saint-François-d'Assise.

14, Rue Sainte-Anne.

Cet Ordre, appelé Ordre de la Pénitence, a été fondé en 1221, par saint François d'Assise, pour les personnes de bonne volonté qui, tout en vivant dans le monde, désirent acquérir la perfection religieuse.

Ce nom de Tiers-Ordre lui vient de ce que c'est le troisième Ordre fondé par saint François d'Assise ; le premier est l'Ordre des Frères mineurs, le deuxième, celui des Clarisses.

Les membres de l'Ordre ou Tertiaires se réunissent une fois par mois sous la direction d'un prêtre délégué.

De nombreuses Indulgences sont attachées à cette Association.

Il y a à Orléans une fraternité d'hommes et une fraternité de dames.

Directeur : M. l'abbé HAUTIN, vicaire général.

Une fraternité sacerdotale est dirigée par M. l'abbé DE LA TAILLE, doyen du Chapitre.

TABLE ALPHABÉTIQUE

— 116 —

IMP. GEORGES JACOB, — ORLÉANS.

www.ingramcontent.com/pod-product-compliance
Lightning Source LLC
Chambersburg PA
CBHW052036270326
41931CB00012B/2516